JN260427

保育内容「表現」
乳幼児の音楽

鈴木みゆき　藪中　征代
編著

碓井　幸子　駒　久美子
杉山智恵子　田上美奈子
共著

樹村房
JUSONBO

は　じ　め　に

　生まれて間もない赤ちゃんも，人の声に耳を澄ましていて，話しかけると，一瞬，泣きやむ姿が見られる。人は生まれながらにして，コミュニケーションをしながら自分を表し，能動的にかかわる力をもっているのである。

　こうした子どもたちの力は，保育の中で豊かな感性と表現力を身につける領域「表現」のねらいとして位置づけられている。いわば，一人ひとりがもつ感性や関心，そして創造性等を豊かにする環境が，保育の中に存在しなくてはならないのである。

　本書は，「幼稚園教育要領」及び「保育所保育指針」における「表現」の内容について，音楽的なアプローチを試みたものである。特に幼稚園教諭や保育士を目指す学生が，実習や日々の保育活動に備え，保育の中での音楽を用いた活動に親しめるような工夫をしている。同時に，子どもたちの発達度合いや関心に合わせて，豊かな音楽活動が展開できるよう配慮したつもりである。また，現代音楽史の中で音楽教育を担った3人についてもふれ，音楽的な表現力を育てる意義や方法について考察している。

　子どもたちを取りまく音の環境が多様化し，保育における音楽活動のあり方についてもさまざまな意見や教示方法があふれている。

　本書は，子どもの表現する力を能動的な〈生きる力〉と捉え，子どもたち自身がイメージを広げ，動きやことばで表現する力を身につけていけるような環境づくりの素材，資料となれば幸いである。

　最後に，難産だった本書の誕生を励まし，見守ってくれた樹村房編集部大塚栄一氏に執筆者一同を代表し，深謝したい。

2004年4月

鈴木みゆき

藪中　征代

も く じ

はじめに

第1章　乳幼児の音楽教育の重要性……………………………………………9
Ⅰ．乳幼児の音楽教育の重要性………………………………（鈴木・藪中）…9
Ⅱ．乳幼児と音楽……………………………………………（鈴木・藪中）…10
1．聞く（聴く）活動……………………………………………………………10
　（1）乳幼児の発達と聞く（聴く）活動……11
　（2）音楽を聞く（聴く）ことの大切さ……13
　（3）音楽を聞く（聴く）活動の内容とその指導……14

2．うたう活動……………………………………………………………………16
　（1）乳幼児の発達とうたう活動……16
　（2）うたうことの大切さ……20
　（3）うたう活動の内容とその指導……20

Ⅲ．乳幼児を取りまく音楽環境……………………………………………（駒）…24

第2章　乳幼児に対する音楽の指導方法の歴史………………………………27
Ⅰ．ダルクローズの音楽教育…………………………………………（杉山）…27
1．ダルクローズの音楽教育の意義………………………………………27
2．リトミック教育……………………………………………………………27
3．日本におけるリトミック………………………………………………28
4．幼児のリトミック………………………………………………………29

Ⅱ．コダーイの音楽教育………………………………………………（藪中）…30
1．コダーイの音楽教育の特徴……………………………………………30
2．「コダーイ・システム」導入にむけて…………………………………31

Ⅲ．オルフの音楽教育…………………………………………………（田上）…32
1．オルフの人間像と業績…………………………………………………32

2．オルフの音楽教育の特徴……………………………………………………33
　　3．日本へのオルフの音楽教育導入の経緯と今後の課題……………………36

第3章　領域「表現」と音楽教育……………………………………………………39
　Ⅰ．領域「表現」の意味………………………………………………（田上）…39
　Ⅱ．「幼稚園教育要領」の中での領域「表現」のねらい ……………（田上）…42
　Ⅲ．「保育所保育指針」の中での「表現」に関する事項 ……………（田上）…46
　Ⅳ．領域「表現」の保育計画……………………………………………（碓井）…48
　　（1）保育計画とは……49
　　（2）保育者の働きかけとは……52
　　（3）子どもの姿をとらえることの大切さ……53
　　（4）領域「表現」と他領域とのかかわり……54

第4章　教材とその展開………………………………………………………………61
　Ⅰ．歌あそび…………………………………………………………（碓井・藪中）…63
　　1．季節の歌…………………………………………………………………63
　　　♪1　さんぽでジャンケン……62　　♪2　めだかの学校……64
　　　♪3　いどの中のかえる……65　　♪4　こぶたぬきつねこ……66
　　　♪5　松ぼっくり……68　　　　　♪6　ふたあつ……70
　　　♪7　月火水木金土日のうた……71　♪8　ゆかいな牧場……72
　　　♪9　大きなかぶ……74
　　2．わらべうた………………………………………………………………77
　　　♪1　ことしのぼたん……78　　　♪2　あんたがたどこさ……80
　　　♪3　おおやまこやま……81　　　♪4　じゃがいもめだした……82
　　　♪5　らかんさん……83　　　　　♪6　あぶくたった……84
　　　♪7　こどものけんかに……86
　　3．手あそびうた……………………………………………………………87
　　　♪1　金魚ちゃんとめだかちゃん……87
　　　♪2　一丁目のドラねこ……88
　　　♪3　これっくらいのおべんとうばこに……90

　　　　♪4　さかながはねて……92　　　　♪5　まほうのつえ……93
　　　　♪6　おたんじょうびゆびあそび……94　　♪7　おはなしゆびさん……96

Ⅱ．楽器あそび……………………………………………………………（駒）…97
　1．乳児の音（楽器）あそび………………………………………………………97
　2．幼児の音（楽器）あそび………………………………………………………97
　3．楽器の分類………………………………………………………………………97
　4．指導の実践例……………………………………………………………………98
　　　◎タンブリンでまねっこ大作戦！……98
　　　◎Let's try！　トライアングル……99
　　　♪1　おはながわらった……100　　♪2　こいのぼり……102
　　　♪3　たなばたさま……104　　　　♪4　とんでったバナナ……106
　　　♪5　たいこのおけいこ……108　　♪6　虫の声……110
　　　♪7　ジングルベル……112　　　　♪8　ゆげのあさ……114

Ⅲ．行事の活動　……………………………………………………（鈴木・杉山）…117
　1．運動会の歌　…………………………………………………………………117
　　　♪1　にんにんにんじゃ……116
　2．式典の歌　……………………………………………………………………119
　　　♪1　きみのなまえ（入園式）……118
　　　♪2　みんなともだち（卒園式）……120
　3．式典・運動会のBGMリスト……………………………………………………122
　　　(1)　式典のBGM　………………………………………………………122
　　　(2)　運動会のBGM　……………………………………………………122

第 1 章
乳幼児の音楽教育の重要性

Ⅰ．乳幼児の音楽教育の重要性

　　　　電車やバスの中で，親子連れに出会い，子どもの目とあなたの目が合ったときのことを思い出してほしい。子どもは，あなたの顔を見てどのような反応をしただろうか。じっと見つめられたり，照れくさそうに顔を隠したり，ニコッと笑って手を伸ばしてきたり……。あなた自身はどのように対応しただろうか。ニコッと笑い返したり，何度かちらちら見てみたり……。ほんの数分，数秒のことでも，子どもとあなたの間には〈表現〉というコミュニケーションが成り立ったのである。同時に，さまざまな反応を子ども自身が示すこと，これが子どもの自己表現である。
　　　子どもは，いつから自分を表現しはじめるのだろうか。そして大人は子どもの表現をいつから受け止めているだろうか。
　　　長い間，生まれて間もない子どもは"なにもできない"存在であり，大人があれこれかかわることで，発達が促され，人間として育つと考えられてきた。しかし実際は，母胎内でも子どもは表現している，と大人は考えている。「こんなに蹴る力が強いから，きっと男の子よ」「夜，ゆっくりした気分になると，とたんに元気に暴れだすのよね」など胎動の様子から，その子の個性や様子を思い描き，大人は子どもとのやりとりを楽しもうとする。大人自身は，意識しているかいないかにかかわらず，子どもの表現を受け止めているのである。そして，生まれた後は，発達とともに，泣く，動く，笑う，声を出すなどさまざまな手段を使いはじめ，その子自身を表現していく。だから表現は，生後間もないころからすでに備わっている，生きている証であり，生きる力なのである。子どもは，周囲に自己を表現する能力をもって生まれてくるのである。
　　　そして，表現があるからこそコミュニケーションが生まれるのである。
　　　ヒトが人とのコミュニケーションの中で育てられないと，人として成長できないことは，「狼に育てられた子」などの例をみても明らかである。人の暖かなかかわりが，ヒトとしての子どもには欠かせないのである。

以上から，子どもは自己を表現する力をもって生まれてくること，そしてそれを生かすためには，大人を含めた周囲の人との暖かなコミュニケーションが不可欠であることは理解できたと思う。その上で，保育という場に目を向けてみよう。保育は，子どもと子ども，子どもと大人など，子どもを取りまく環境とのコミュニケーションで成り立っている。だから，乳幼児の保育の基調は，「自由な表現」「感性に訴える方法」である。

　表現は，人間性の中心をなすものである。自由な表現には，ありのままの自分をさらけ出せる場が必要であり，人とのコミュニケーションが必要である。子どもとコミュニケーションをとるのはヒトだけではない。アニミズムという考え方（すべてのものに生命がある）に示されるように，子どもは自然界をはじめとする環境にも命を与え，コミュニケーションをとっている。風を受けて揺れる葉っぱを見て，子どもが「おいでおいでしている」とつぶやいた時，子どもの心はある種のメッセージを表現したのだと思う。そして，領域「表現」は，この前提の下に豊かな感性と自己表現を探究している。にもかかわらず，現実には，〈表現〉の技術を競ったり，評価を偏重したりする保育に出会うことが多い。日々の保育活動はもちろんのこと，行事の活動にいたっては，「見せる」「評価される」保育に終始する場面も多く，保育者として子どもにどうかかわるべきか戸惑うこともあるだろう。〈表現〉は，芸術教育の一面としてのみでとらえられるものではなく，子ども自身が生きていくために必要な課題だと考える。

　そして音は，最も子どもの身近にあり，子どもの発達に欠かせない環境をつくるすばらしい仲間である。音は集まって音楽を創り，ことばを歌にし，躍動するリズムを感じ，心地よさとエネルギーをもたらす。子どもたち自身も，自らかかわり，表現し，まねたり創ったりする中で，感性を磨き，情緒豊かな成長をしていくと思う。

　子どもにかかわることは，〈表現〉にかかわることでもある。本章がめざすものをしっかり押さえて，子どもとのコミュニケーションを大切にしてほしい。

Ⅱ．乳幼児と音楽

1．聞く（聴く）活動

　乳幼児期の音楽的活動では，音や音楽に親しみ「音楽する」楽しさや快さを体験させることによって，意欲的に「音楽する」態度を育て，豊かな感性を養っていくことがたいへん重要である。音や音楽に親しむという根本的な活動は，まず，「聞く」という活動から始まる。音楽を聞くことによって感動的な経験を

し，それによって豊かな感性を養うことができ，また，真に良質の音楽を求める情操を培っていくのである。したがって，動くなどの表現活動は聞く活動と切っても切り離せない関係にあるといえよう。その意味で，子どもを取りまく音楽環境には十分配慮する必要がある。

（1）乳幼児の発達と聞く（聴く）活動

1）胎児期　さまざまな機能の中で，聴覚機能が最も早く現れると言われている。子どもの聴覚機能は胎児期の5～6か月ごろから機能することが可能となる。そのため，胎児は，母親の胎内で母親の心拍音，血流音，母親の声，外界の環境音への知覚経験をもつことにより情緒の安定を得て成長している（Lecanuet, 1998）。すなわち，音や音楽との出会いは，生まれる以前から聞くという行動によって始まっているのである。

胎児期の8か月ごろから自然な状態で「環境」として聞く音によって，胎児は母親との連帯本能が芽生え始める。このように，子どもは，胎児期から環境によりいろいろな刺激を受け，それに反応するということを繰り返しながら成長・発達をしているのである。

2）乳児期

0歳児：

聴覚機能は，誕生以前からすでに備わっており，生後1週間くらいで強い音刺激に対して筋肉を収縮させて反応する。このころは，母親の声に近い比較的高い音高の音楽に親近性をもち，この音楽は子どもを心地よく，安静にさせる作用をもっている。

2～3か月ごろになると，音のする方向へ注意を向け，いくつかの音を聞き分けられるようになる。特に，母親と他人が区別でき，快い音に対しては笑い，不快な音に対しては泣いたりするようになる。

4か月ごろには，首がすわり，音のする方向へ振り向く（音源定位）ようになる。音源定位は左右の耳から入ってくる音の大きさや時間の差を脳で分析して可能になる能力であり，この時期の乳児がすでに音を空間的に聞いていることを示している。具体的には，片耳に指で栓をすると音の方向がわかりづらくなるということである。音を空間的に聞くということは，両耳を通して入ってくる音の中から選択的に音に注意を向けることが可能になることを示している。

5～6か月ごろになると，おすわりができるようになり，母親の歌声など，音楽に対してからだの動きで反応し始めるようになる。その動きはからだを前後や左右に振り動かすだけの大まかな動きであり，音楽の拍節と同期しているわけではない。また，子どもは，音楽が鳴り始めるとすぐにからだを動かすのではなく，少しの間，その音楽にじっと耳を傾けてから動き出す様子がみられる。

11か月ごろになると，つかまり立ちをしながら音楽に対してリズミカルに全身

を動かすようになる。

> [事例1] リズムをとること，見せること （M子，11か月）
> 伝い歩きも安定してきて後ろにひっくり返ることが少なくなったM子。ラックにつかまって立ち上がり，うれしそうに周囲を見ている。テレビから流れるリズムカルな曲がお気に入りで，膝を軽く屈伸させリズムをとっている。「Mちゃん」と声をかけるとうれしそうに笑う。母親がリズムに合わせて，首を左右に傾けるとまねをしはじめた。首というより上半身を左右に揺らすようなしぐさで，リズムを刻む。2拍子，4拍子系は正確に打つことができるようだ。曲を全身で感じている様子と，「ちゃんとわかっているのだから」と母親に見せるための表現と両方入っているように思える。なぜなら，母親がそばを離れ，一人でテレビに反応するときのアクションは，見ているときより小さい気がする。

1歳児：

この時期は，よちよち歩きからしだいに確かな歩行になっていき，行動範囲も広くなり，まわりの人の声や見たものの動作を模倣する能力が著しく発達してくる。1歳前後には，音の鳴るものをじっと見つめたり，さわったり，音楽が聞こえるとからだを動かして反応し，積極的に音楽に興味を示すようになる。たとえば，音楽を聞いて手をたたいたり，足をトントンと動かして踊るような動作もみられる。このころから意識的に音楽の拍節とからだの動きを同期させようとする。

1歳半になると，運動能力も高まり，腕をふったり，跳んだりはねたり，活発に動きまわるようになり，音楽に対してもよりリズミカルな運動ができるようになる。好きな音楽を繰り返し聞くようになるのもこの時期からである。このころから始まる音楽に対する好みは，その音楽にかかわるテレビのキャラクターがお気に入りであるとか，楽しい体験をした経験の一部の音楽だとかといったことに左右されることが多い。したがって，この時期からの生活の中で子どもがふれる音楽がどのようなものであるかということがこれまで以上に重要である。

2歳児：

このころになると，音楽を集中して聞くことができるようになる。この時期は，1歳の時よりも，さらにからだの動きを音楽の拍節に同期させようとする行動が現れる。音楽を聞いて動く行動も，やはりすぐに動くのではなく，初めのうちはじっと音楽に耳を傾けているという行動が続いている。

このころには音楽に対する好みができて，好きな音楽を繰り返して聞いて喜ぶようになる。

3）幼児期

3歳児：

音楽の好みが一段とはっきりし，自分の好きな曲を聞きたいと要求するようになる。また，自分の好みの曲を聞こうとして，CDなどを操作までするようになり，ますます音楽を集中して聞くようにもなる。したがって，音楽を聞いてからだを動かすということが少なくなる。

この時期から，周囲の人々のまねをして，自分の生活経験を広め，その経験を繰り返しながら自分のものにしていくのである。これを模倣による習慣形成という。この時期，簡単な曲は聞いてすぐに覚えてしまうようになる。

このように，幼児期の聴感覚は急速に発達し，音楽を聞く時期が早いほど，出会った音楽をそのまま受け入れてしまう可能性が大きい。したがって，子どもが耳にする音楽の選択には慎重でありたい。すなわち，童謡のみにこだわることなく，美しい優れた音楽を幅広く聞かせたいものである。クラシック音楽，日本の伝統音楽，ポップス，ニュー・ミュージック，世界の民族音楽，ジャズ，ロックなど，さまざまなジャンルの音楽の中から質の良い，子どもが喜んで聞く音楽を選ぶことが大切である。

4・5歳児：

この時期は，3歳までに比べると心身ともに発達は緩やかである。しかし，今まで以上に身のまわりのいろいろな音あるいは音楽に対して興味を抱き，集中して聞くようになる。音楽を聞いての動きは，からだ全体を使っての動きは減少し，手拍子や片足を使って拍子をとるなどの動きが見られるようになる。この時期になると音楽の拍節と動きとはかなり調和するようになるが，完全に調和させることはまだ難しいようである。

> ［事例2］　音を聞くこと，想像すること　（E男，4歳）
>
> 園外保育で近くの林に行った時のこと。木に耳を当てている私（保育者）にE男が「何しているの？」と聞いた。私がE男を引き寄せて自分の心臓の音を聞かせ，「これが私の音。木にも音がちゃんとあるのよ」というと，E男はさっそく木に耳をつけてみた。しばらくしてE男が私のもとにきて「木はね，こんな話をしていたよ」と大きく手を広げ，話し始めた。

（2）音楽を聞く（聴く）ことの大切さ

子どもと音楽との出会いは，聞く活動によって始まる。この活動は後の音楽活動の土台となるものであり，乳幼児期における音楽との出会いは重要である。この時期に，いろいろなジャンルの質の良い音楽を聞かせることが大切であることは先に述べたが，それと同時に，子どもが喜んで聞く音楽を選曲し，与えることも重要である。ただ，子どもの発達には個人差があり，子どもが喜んで聞く音楽も一人ひとり違うので，この個への対応に配慮すべきである。一人ひとりの子

もへの対応が最も可能な環境は，家庭における音楽環境であると言えよう。

また，保育者はいろいろな音あそびを通して，環境の中にあふれているさまざまな音に意識を向けさせることによって，音の快・不快，音の性質（ピッチ・リズム・強弱・音色）を識別する能力の育成に努力することも大切である。遊びの例としていくつか挙げてみよう。

第一に，自然界の音，動物の鳴き声，人の話し声など環境の中で響くさまざまな音を聞きとって，何の音か当てるクイズをする。そして，その音を自分の声や楽器で模倣する。これらの活動によって，ことばの獲得や歌唱能力の基礎を培うことができる。

第二に，身近にある材料を使って楽器を作り，演奏する。また，ミュージックベルを使って，自分たちの知っている歌の旋律を分担して演奏する。このような経験から，音のピッチを認識でき，旋律やリズムを再現する能力が培われていく。

このように，環境の中の音を意識して聞く体験は，美しい響きを求める情操を育てることに繋がっていくであろう。さらに，子どもに集団で音楽を聞かせる場合は，保育者は自らが選曲した音楽を保育者自身が心から愛しているということも重要である。そのためには，保育者自身がいろいろなジャンルの音楽を数多く聞き，音楽を聞く「耳」を育てておくことが必要である。この「耳」をもっているかどうかが子どもに大きく影響することになる。保育者は，日ごろからたくさんの良い音楽に親しみ，自分自身の音楽性の向上に努めることが大切である。

（3）音楽を聞く（聴く）活動の内容とその指導

音楽は，情操教育に適していると言われている。すなわち，乳幼児の早い時期から音を媒体とした音楽体験を通して感動することによって，豊かな情操を育むことができるのである。このように乳幼児の音楽性を育むためには，保育者は，芸術性の高い音楽に触れる機会を子どもに与えることである。まずは，CDなどから流れてくる音楽に親しみを感じ，自然にその音楽に興味が芽生えてくるように導くことであろう。そのために，次のようなことに留意して音楽を聞かせたいものである。

1）いろいろな音楽を選曲する　良質な音楽とは，一般的には，美しいメロディー，快いリズム，感動を覚え，心に良い感情をもたらす音楽であると言えよう。

選曲の視点としては，民族音楽，クラシック音楽，現代音楽などいろいろなジャンルの音楽で，音楽のさまざまな要素，すなわち，音階や旋律，テンポ・拍子・リズム，演奏形態（声楽，器楽），形式，表情などを考えながらいろいろな曲を選曲しよう。いろいろなジャンルの音楽を聞くという活動によって，その音楽にはそれを生み出したさまざまな国の人々の生活があり，また，芸術文化の多

様性を理解するという感性が培われるのである。したがって，乳幼児期から日本の民族音楽に触れさせ，これをいろいろな活動に発展させることが保育の指導として大切なことである。

音楽を聞かせる場合，環境音楽として聞かせる場合と，意識的に選曲して聞かせる場合の大きく二つの方法が考えられよう。

一つ目は，BGMのように環境に働きかけて無意識的に音楽を聞かせる場合である。この場合の留意点としては，活動の場の環境にふさわしい音楽を選曲することである。たとえば，動的な活動をしている時には，楽しく，はずむような感じの曲，食事の時には，落ち着いて，ゆったりとした感じの曲，午睡の時には，静かで，快い感じの曲を選曲することが大切である。また，音量にも十分に配慮し，動的な活動をしているからといって，大音量で流すのがよいとは言えない。さらに，1回で終わるのでなく，何日か繰り返して聞かせることも大切である。

二つ目は，保育者が意識的に音楽を聞かせる場合である。これは，保育現場では一般に鑑賞活動としてとして取り上げられている。幼稚園・保育園では，音楽を集団行動の合図の役割に使用している場合がみられる。この時，音楽が子どもにとって習慣的，惰性的な受身の状態になっている場合が見受けられ，保育者も子どもも音楽に対する感動を失っているようにも感じられる。このような状態に陥らないためにも，保育者は音楽を用いる目的をはっきりと把握し，音楽に対する知識と意識をしっかりもつことが大切である。

2）保育者の適切な援助の必要性　保育者が選択した音楽を，乳幼児が楽しく親しめてその曲に対するイメージが湧くような適切な援助が必要である。それにはまず，音楽を聞かせる前の導入がたいへん重要である。たとえば，聞かせる曲に関係したお話や読み聞かせをし，曲に対するイメージを広げておいたりすることなどである。また，パネルシアターやペープサートを用いて，視覚的に曲のイメージをつかませておくのも有効であろう。さらに，曲を鑑賞して終わるだけでなく，鑑賞後にいろいろな活動に発展させることが大切である。具体的には，以下のような活動が考えられる。

⑴　どのような曲であったか，曲想について話し合う（元気のよい曲・静かな曲・悲しい曲・楽しい曲等のことばを使って表現する）。

⑵　曲の一部分を擬声・擬音などを使って模倣する。

⑶　どんな楽器が使われているか理解し，それを使って身体表現する（楽器といっても音色から太鼓の仲間・ラッパの仲間・バイオリンの仲間などと大まかに聞き分けられる程度でよい）。

⑷　ビートを打ちながら聞く。

⑸　音楽に合わせて楽器を自由に選んで，リズム打ちする。

⑹　主題のリズムパターンを口ずさみながら（タン，タのリズム唱），身体表

現する。

(7) イメージしたままを身体表現する。

(8) イメージした音楽を絵に表現する。

3）繰り返し聞か（聴か）せる　選曲した曲は繰り返し，繰り返し聞かせることが大切である。BGM として保育室などに流しておくと，繰り返し聞いているうちに自然に子どもたちの耳に馴染んでくる。このように，保育者は音楽に対する子どもの関心を深め，快い環境を整えるために，適切な援助を行う心がけが大切である。

2．うたう活動

人間は，発声器官により音声や言語を発しており，これがコミュニケーションの手段としている。また，音声や言語は人の感情や思考を最も直接的に表現できる道具である。西欧の思想家であるルソーやスペンサーは，人間の最も根源的な楽器音とも言える音声に，伝達を容易にするための抑揚をつけることによってメロディーが発生したと主張している。すなわち，うたうことと話すこととの間には密接な関係があると考えられる。

子どもにとってうたう活動は，喜びの感情に直結する活動である。すなわち，子どもはうたうことが楽しいからうたうのである。それは，心の解放であり，自己表現の一つである。さらに，うたう活動は，表現の基礎であり，楽器の演奏や動き，鑑賞，創作などの表現活動の根幹にすえられ，最も早くから現れる身近な音楽的表現活動である。うたう活動によって，子どもはその遊びや生活がますます豊かなものになっていく。

（1）乳幼児の発達とうたう活動

乳幼児のうたう活動は，心身の発達におけるさまざまな要因が関係している。ことばと音楽が結びついた歌は，言語の発達や発声器官，身体の発達がうたい方の違いとして現れる。さらに，社会性の発達のその活動に影響を与える。ここでは，それらの関連を中心に，0歳児から5歳児までの乳幼児の発達段階とうたう活動との関係について述べる。

1）乳児期

0歳児：

人は生まれた瞬間に声を発する。これは，母親の胎内から出て，初めて吸い込んだ外界の空気を吐き出す時に発する呼吸による音声であり，生理的な現象である。これを「産声」と呼んでいる。産声は性差や人種による差がほとんどなく，400～500 Hz で大体 a^1 前後の高さである。生後1～2か月ぐらい（初期の喃語発声の時期）になると，呼吸や咽頭などの発声機能が発達して，「アーアー」「ウックーン」などの喃語（ハブリング：babbling）が始まる。これはきげんのよい時

に，さかんに手足を動かしながら柔らかい声で発せられる。この喃語が基になって，ことばや歌のメロディーへと発展していくのである。

5〜6か月の喃語期になると，これまで以上に喃語が頻繁にでるようになり，「アーウー」と一人で繰り返してつぶやきあそびをするようになる。この時期の声域は1オクターブ半であり，声域は6か月ごろから大きく拡大されるようになる。大人の呼びかけに対して声をたてて笑うなど，周囲の状況に応じて反応できるようになる。

「おすわり」や「はいはい」ができるようになる7か月ごろになると，模倣行動が始まり，まわりの人のことばや音声をまねた音を出そうとする。たとえば，「マンマ，マンマ」「チャチャチャ」のように，一音一音歯切れのよい喃語を繰り返して発している。この時期の喃語は，何かの対象と結びついた意味をもっているのではなく，ことばのリズムや抑揚をまねしているだけである。やがて，この「マンマ」が1歳を過ぎるころ，だんだんと意味をもった「初語」へと発達していく。

ことばのリズムや抑揚を感じとって，繰り返して楽しむ遊びとして「いないいないばあ」がある。「いないいないばあ」といってあやしたりするしぐさに，乳児は声をたてて笑うようになる。このことは音楽と何の関係がないように思えるのだが，実は音楽の基本構造がここにある。音楽の基本構造は，テーマと帰結の関係から成り立っている。テーマが示されると，その先がこうなるのではないかと，聞き手が予測をもち，その予測と実現した帰結の関係が，喜びなどの感情を揺り動かしているものと言える。「いないいない」は，「次に〈ばあ〉がくるぞ」という帰結を予測し，期待感をもって待つ。そして，そのとおりになったことで満足するが，その帰結に至るまでの紆余曲折の時間を伸ばし，期待をさらに膨らませていく。この時期の乳児は，聴覚刺激だけでこの遊びを楽しんでいるというよりは，視覚的な刺激と聴覚的な刺激が渾然一体としている中で楽しんでいるのであろう。現に，声だけで「いないいないばあ」と言っても，喜んでこの遊びにのってくる子どもはほとんどいない。乳児は相手の指や手の動作を見ており，こ

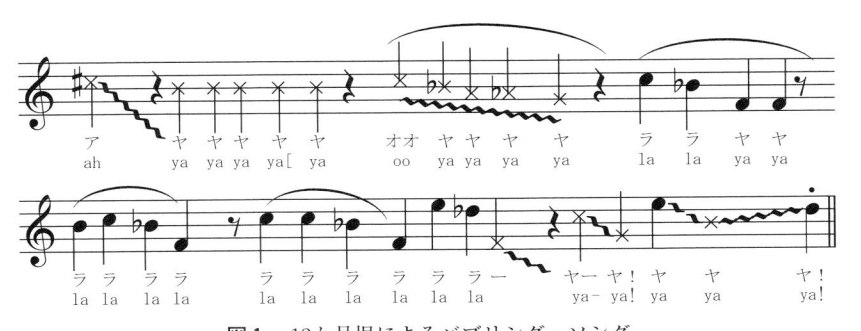

図1　12か月児によるバブリング・ソング
(Hargreaves, 1986)

れが「指あそび」や「手あそび」の最初の出会いとなる。

　10か月ぐらいから単なる喃語の繰り返しではない，自発的な表現としての音楽的な喃語が観察される（Moog, 1976）。たとえば，図1に示す12か月児の喃語には初歩的な旋律の組み立てが観察される。

　1歳児：

　よちよち歩きからしだいに確かな歩行になり，行動範囲も広がってくる時期である。1歳の初めには，音楽に合わせてからだで調子をとり，メロディーらしいものを口ずさむようになる。すなわち，鼻歌や歌の一節を気のむくままにうたったりハミングしたりする。この時期の歌の模倣は音楽に合わせるというより自分がいちばん楽しみやすいリズムで反復するといったものである。

　1歳半ぐらいになると，きげんがよいと一人で歌を即興的につくってうたっていることがある。この時期，短いパッセージ（楽節）だけではなく，かなり長いパッセージもうたえるようになる。この歌は，既成の歌とはリズムもテンポも異なった創作的なものが多いが，保育者がうたって聞かせた歌に部分的に似ることがある。この場合の声域は，3度ないし5度音程以内であり，リズムは同型のリズムが多い。

　2歳児：

　この時期の子どもは，いくつかの歌を覚え，曲の一部のメロディーがうたえるようになる。しかし，音域は狭く，音程も不安定であり，いわゆる調子はずれの歌が多い。また，自然発生的な歌を好んでうたうようになる。これは，特に，保育者にうたって聞かされた歌にあとつけうたいをする時によくみられる。自然発生的な歌は，2歳半ぐらいになるとほとんどの子どもにみられ，一つの単語を反復する形，あるいはいくつかの単語が羅列される形とさまざまな形でみられる。しかし，子どもは，気分が乗らないとまったくうたおうとしないし，何人かの友だちとうたうということもあまりない。

2）幼児期

　3歳児：

　これまでより，さらに多くの歌をうたうが，調子はずれで音程はまだ不正確さが目立つ。この時期，一曲の初めから終りまでうたえる子どもも多くなる。2歳時に比べて，グループでうたうことも少しずつ楽しむようになるが，まだ，自分のペースでうたうということが中心で，集団で声をそろえてうたうことは難しい。この時期の歌には，ごちゃまぜ歌が多くみられる。これは，自分の知っている歌の歌詞や旋律線やリズムなどを取り替えたり，変化させたり，組み合わせて即興的にうたったりすることである。あとつけ歌では，歌詞やリズムや音高を似せてうたうことができるようになる。

[事例3］　歌から表現活動へ　（S也，3歳）
　6月梅雨に入り，室内の活動が多くなった。朝「かえるのうた」をうたいながら自由に身体を左右に動かしていた時，S也が「ボク，お兄さんカエルになる」「お兄さんガエル，弾いて」と言いました。そこで，ピアノの音程を低くして弾いてみると，大喜びでうたい始めました。動きもちょっと威張った感じで，子どもたちなりにお兄さんらしさを表現しているのでしょう。続いて女の子たちから「お母さんも，赤ちゃんも」と声があがりました。家族総出のカエルの歌の誕生です。それからは動きを大胆に表現したり，なりきり遊びに発展しながら，「かえるのうた」を楽しむようになりました。

4・5歳児：

　この時期には，フレーズ感，強弱感，速度感，音色感などの音楽的な能力が豊かに芽生える。こちゃまぜ歌はさらに頻繁にうたわれるようになり，声のコントロール能力が増し，声域もこれまで以上に広がるので，歌全体を正確にうたうことができる子どももでてくる。これに伴って，友だちなどの他の人やグループで一緒にうたうことに慣れ，そろってうたうこともできるようになり，みんなで一緒にうたう楽しさがわかってくる時期である。この時，一つの歌を何週間も何か月間にもわたってうたっており，同じ歌が長期間に渡ってうたわれる傾向が強いと思われる。

　また，簡単な手あそび等の歌あそびを作り出して楽しむ姿もこの時期から頻繁にみられるようになる。さらに，歌詞の内容にも興味を示し，歌詞の中の登場人物になったつもりでうたったり，情景を想像してうたうこともできるようになる。

　特に，5歳ぐらいになると，より音楽的表現力が増し，歌詞の内容に共感したうたい方や曲想の変化に応じたうたい方もできるようになる。また，歌詞を創作して替え歌にして楽しむ姿がみられる。5歳児は，自分がうたうのをみんなに聞かせてあげようという気持ちがでてきて，ひとり，あるいは，グループで歌を発表することを楽しむようになる。同時に，友だちがうたうのを興味をもって聞くこともできるようになる。歌の歌詞にふさわしい身体表現をしながらうたうことも好む時期である。

　5歳ごろには，行為としてのことばが次第に内面化して，ことばとして外に出さないで内面で考える，いわゆる内言ということが始まる時期である。内言ができるということは，現実にはないことを「もし本当だとしたら」という想像の世界を思考することができるようになるということである。この想像の世界に対する表現意欲や興味を上手に受け止め，子どもたちが自己表現することを楽しめるようなオペレッタあそびなどの表現遊びへと発展させていくことが保育者に望まれよう。

(2) うたうことの大切さ

　　　　　　感動したことを伝え合う場合にも，感じたこと，考えたことなどを表現する場合にも，音声は人の感情や考え方を最も直接的に表現できる道具である。幼児期の子どもにとって，声を意図的にコントロールすることはむずかしい。しかし，子どもが興味・関心をもったものに対しては，かなり積極的に表現しようとする。子どもにとって，うたうという活動は，遊びであり，楽しい経験であり，子どもの生活そのものにもなっている。

　子どもの歌の特徴は，遊びを通してからだを動かしながら，自然発生的にうたうことである。子どもは，初めはじっと耳を澄まして聞いているだけであるが，子どもの興味を引き出すことができれば，自然に声を出してうたいだす。保育者は，子どもが常に気持ちよくうたっているかどうかについて留意すべきであり，子どもがうたおうとする気持ちを大切にしたいものである。

　子どもはうたうことが楽しいからうたうのである。それでは，子どもは何を楽しいと感じてうたっているのであろうか。

　第一に，うたう楽しさは，発声そのものによる快感である。

　第二に，歌詞の意味よりもことばのリズムを楽しんでいる。

　第三に，歌詞の内容に共感し，登場人物になったつもりで，歌詞の世界に入りこんで，想像の中でごっこあそびを楽しんでいる。

　第四に，歌あそびを母親や周囲の大人，あるいは，同年齢の友だちと一緒に共有することで，心の触れ合いを楽しんでいる。

　このように，うたうことを楽しんでいる幼児には，声楽の専門的な指導はまだ必要ではないだろう。ただ，子どもの歌唱が模倣から出発するという特性を考え合わせると，子どもに聞かせる歌は，美しい声と正しい音程でうたわれた，子どもに興味を起こさせる歌を選曲するという環境を整えることが大切である。このことは，保育者に求められるたいへん重要な資質の一つであり，責任でもある。

(3) うたう活動の内容とその指導

1) 保育者の役割　幼児に歌を指導する場合，最も大切なことは子どもが思う存分に声を出して，のびのびとうたえるように援助することである。そして，そうした子どもの歌を保育者は，ほめるということを忘れてはならない。保育者には，うたうことによって感情を精一杯表現しようとする子どもの意欲を温かく受け止め，子どもと一緒にうたう姿勢が必要である。子どもの歌声や動きにピアノなどで伴奏する場合も，あくまでも子どもの歌声や動きを支援し，楽しく興味が湧くように援助するものであって，妨害になってしまうようならないほうがよいのである。そうならないためにも，保育者は簡単でも応用がきくように，ピアノなど伴奏楽器の修練をしておかなければならない。

　子どもたちが歌に慣れるまでは，機能和声を応用して簡単な伴奏をする方法も

ある。実際に子どもを観察しながらうたうときは，楽譜を見ている余裕がないという場合がある。そのような時には，子どもたちがよくうたえるようになってから伴奏と合わせるとよいであろう。なによりも，子どもが気持ちよくうたえるように，心がけることが大切である。

2）教材選択における留意点　話しことばが自然に歌になっているような教材を選んで子どもたちにうたわせたいものである。子どもが日本語のリズムや抑揚が感情の中に取り入れることができる歌をうたう経験を通して，日本語のもつ美しさを感じる心を育てることができると考えられるからである。わらべうたをはじめとして，日本語の抑揚を大切にした歌や日本人の感情を表現した歌詞の歌に，ぜひ幼児期から親しませたいものである。

　子どもに与える歌唱教材としてどのようなものが適しているであろうか。
　(1)　歌が単にリズムか複雑というのではなく，軽快でリズミカルで自然に身体を動かしたくなるような要素をもっている歌。
　(2)　擬声語・擬態語，ことばの繰り返しなどのリズミカルなことばが含まれている歌。
　(3)　メロディーやハーモニーが美しい歌。
　(4)　歌詞の内容が子どもの生活や遊びに密接に結びついており，空想したり想像することによって歌詞の世界に入ることができる歌。

　では，子どもにとってうたいやすい歌とはどのような歌であろうか。音楽的要素との関連で検討してみたい。
　①　音域……幼児が楽に発声できるのは話し声に近い音高の音である。したがって，幼児が楽に発生できる音域の音を中心にできており，だいたいニ音〜イ音の音域をもつものと考えてよいが，メロディーラインの性格によっては，さらに上下2度くらい広くてもよい。
　②　拍子とリズム……ことばのリズムと旋律のリズムが自然と結びついていることが大切である。
　③　音程……ことばの抑揚と結びついたメロディーラインの曲であれば，跳躍音程や臨時記号はほとんど難しさと関係ない。
　④　調性……調の違いや転調の有無はうたうときの難易とは関係ない。子どもの歌には長調の曲が多い。それもハ長調，ニ長調，ト長調，ヘ長調などの限られた調で記されているものがほとんどである。しかし，聴感覚の敏感な幼児期に豊かな音感覚を培う意味で，短調も含めてさまざまな調の曲や日本音階などの曲も歌唱教材としてもっと積極的に取り入れていきたいものである。

3）新しい歌を教える時のポイント　幼児の歌の指導は，歌そのものの学習というよりは，歌を楽しみながら歌を用いて遊んだり，うたいながら身体を動かしたりする中で，自然に歌を覚え，音楽的に成長して行くように働きかけること

が望ましい。保育者は幼児に「教える」という姿勢だけでなく，幼児と一緒に「遊び」，音楽する喜びを味わうという姿勢で臨むことも大切である。

　したがって，新しい歌を指導する時には，区切り区切りにうたうのではなく，保育者は歌のはじめから終りまで全体を通してうたうことが大切である。幼児は，その歌の中で最も印象の強かった部分から覚えてうたっていく。幼児に気に入った部分を発見してもらうことが肝心である。歌詞が長く，2番，3番と続く歌の場合は，まずは1番をしっかりうたえるようになってから2番に進むことも時には必要であるが，物語性の強い歌詞，たとえば「とんでったバナナ」や「あめふりくまのこ」のような歌は，最後まで続けてうたってこそ面白いというものもあるので，歌それぞれに応じて工夫する必要がある。

　幼児に歌を指導する場合は，楽譜などの視覚的な手段を用いず，耳から直接聞いて覚えるという聴唱法が主体となる。CDなどを利用してもよいが，やはり，保育者の生の声で表情豊かにうたって聞かせることが最も大切である。

　子どもとともに楽しく歌をうたうためには，自然な形での導入が必要である。ただうたい始めるのではなく，うたい始める前に，それぞれの歌に合った興味づけ，動機づけを，お話やことばで工夫をする。幼児が歌に対する興味をもち，生き生きと表現するときに，その歌詞に対するイメージが広がり，うたいたいという気持ちが盛り上がるようにする。

　導入としては次のようなことが考えられる。

(1) 幼児のまわりにある音や物からきっかけをつかむ。
(2) 歌の内容について，幼児と話し合う。
(3) 歌詞に関係したお話，絵本の読み聞かせ，ペープサートやパネルシアターを利用した物語を演ずることによって幼児のイメージを広げておく。

　幼児が「うたいたい」「うたうのって大好き」「楽しい」と感じられるように，保育者は上記に示したような音楽環境を整備しておくことも大切である。

　それでは，幼児と一緒にうたうときにどのようなことに留意してうたえばよいのであろうか。

(1) 保育者は，曲想の変化に応じたうたい方や伴奏の仕方を心がける。

　現在，日本の幼稚園や保育園では，ピアノを伴奏楽器として用いていることが多いが，ギター，アコーディオンなども有効な伴奏楽器であることを忘れないでほしい。幼児の中に入り，一人ひとりの顔を見ながら演奏できる点では，ギターなどが有効な場合もある。どんな楽器でも，そこからどれだけ音楽的な表現を引き出せるかは，演奏者しだいである。また，弾きうたいの場合でも，まず，歌をしっかりうたうことである。保育者の歌が前面に出ていないと子どもは歌のイメージをつかむことができなくなる。そのためにも，伴奏する楽器の譜面が自分の能力に見合っているものを選ぶことが大切である。そして，十分に練習し，自信

をもって歌を表現することが弾きうたいの時に最も重要である。

　子どもの歌の伴奏は，伴奏によって歌をリードして行く方法が多い。すなわち，右手でメロディーを演奏し，左手でコードやリズムを加える伴奏型である。その他にも，メロディーを演奏しないで，両手でコードとリズムを演奏する型がある。また，最初の型との混合型もある。メロディーがまだ覚えられていない場合や音程がしっかりしていない子どもにとっては，右手でメロディーを弾いた方が有効である。

　伴奏が子どもの歌をリードしていくのは事実であるが，伴奏に子どもが合わせるのではなく，子どもの歌に伴奏が合わせるのだということを心がけたい。

>　［事例４］　歌が生まれるとき　（Ａ太，Ｊ男，Ｋ介，５歳）
>
>　保育室の洗面器の中に，保育者が捕まえてきたザリガニがいます。じっと見る子，得意げにつかむ子，恐る恐る背中をつつく子，さまざまです。Ｋ介が「ザリガニは池にいる」ことを聞いてきて，「ザリガニの住むところを作ってあげたい」と言い出しました。そこで，図鑑等でザリガニの暮らしを調べ，水道の足洗い場にビニールシートを敷いた池を作ることになりました。汗びっしょりになりながら砂を運びます。運びながらＫ介が「♪ザリガニのお家を作ろう〜」とうたいだしました。「♪ザリガニ君はかわいいよ〜」Ａ太もＪ男も次々に思っていることばを歌にしていきます。歌はいつのまにかクラスの「歌」になり，ザリガニのテーマソングになりました。

(2)　身体の動きと曲想の変化を結びつけてうたう。
(3)　保育者は，幼児が想像することができる具体的な事物と結びつけた声がけをする。（例「ありさんになったつもりで」）
(4)　保育者は，口を大きく開け，明確な発音とくせのない発声をする。

　ここで，幼児に素直なくせのない発声をさせるには，まず幼児自身が自分の声の出し方に気づく必要がある。それには，自分の声だけでなく，保育者や友だちの歌声に興味をもって耳を傾けることができなければならない。小グループで歌を発表しあったり，交互唱したりしてみるのも変化を楽しむのによい。また，子どもの歌を録音し，友だちの声の出し方について話し合ってみるのも良い方法であろう。

(5)　「元気よく」「大きな声で」と声がけをすると，どなり声になりやすいので注意する。

　子どもがむだに大きな声やどなり声をださないように，保育者は柔らかく響く声で子どもを感化する。柔らかい声を出すために，うたいながら自然に身体が動いてくるようなリラックスした雰囲気を作り出すことを心がける。

　子どもは大きな声でうたうということは，うたうことそのものを楽しむより，大きな声を出すことでエネルギーを発散していることが多い。まず，そのことを

認めることが大切である。そうしないで,「きれいな声でうたいなさい」などと規制することは,音楽のもつ本来の楽しさが子どもに伝わらない。大声でうたうときの子どもたちの表情は,本当に生き生きとしている。音楽の基本が,自己発散,自己表現にあるならば,まずはそれを認め,保育者も大声でうたい,子どもたちと大声でうたう楽しさを共有することである。その後にガラッと雰囲気を変えて,静かな曲にしたりする工夫などがあれば,子どもに静かにうたうということを楽しもうとする気持ちが湧いてくるであろう。元気いっぱいにうたえる歌を経験していないと,静かな歌はうたいにくいものである。そのような経験をすることによって,子どももきれいにうたわないといけない歌が自然とわかってくるのである。

Ⅲ. 乳幼児を取りまく音楽環境

　子どもは胎児期から「環境」の中で育つものであり,胎内では母親の心音や声を聞いている。つまり,「音」との出会いはすでに,生まれる前から始まっていることは,本章Ⅱ節で述べたとおりである。乳幼児の心身の発達は著しく,このような時期に良い音楽に出会うことは,子どもの情操を豊かにし,一人ひとりのもっている感性の発達を促すことにつながる。では,乳幼児はどのように音楽を受け止め,身につけていくのだろうか。また,そのためには保育者はどのような援助が必要だろうか。保育者自身も豊かな感性や幅広い価値観を身につけ,子どもとともに楽しむ心や,共感する心を大切にしながら,子どもの情操に働きかけるような援助をしていかなければならない。

　1）子どもと音とのかかわり　テレビやCDの音を消して,じっと耳を澄ますと,どんな音が聞こえてくるだろうか。人の歩く音,話し声,笑い声,車の通り過ぎる音,踏み切りの音,お母さんの料理する音,雨の音,小鳥のさえずり,手をたたく音,歌声など。日ごろ何気なく聞いているこれらの日常生活音にも,子どもたちの興味をひきつける音がたくさんある。子どもが音に関心をもつことは,子どもが主体的に表現活動することの始まりといえよう。

　2）子どもと楽器との出会い　おすわりができるようになるころ,乳児は音の出る玩具を手にすると,握ったり,振ったり,押したりして,音を出して遊ぶようになる。自分の手を使うことによって,音が出ることに興味をもち,その動作を繰り返す。そして幼児期になると,ますます楽器に対する好奇心を募らせ,音を出してみたいと思うようになる。そのような子どもの欲求に応えられるよう,保育室には,子どもが自由に楽器に触れられる環境を整えておくことも大切である。

3）音を探す・聞く（聴く）　子どもたちのまわりには，さまざまな音があふれている。自然の中にもさまざまな音があることに気づかせたい。木の葉のざわめき，動物の鳴き声，そよ風のささやき，砂を踏む音，川のせせらぎなど，日ごろあまり気にとめていなかった音に，あらためて耳を澄ますことによって，子どもの音に対する興味・関心を育みたい。子どもたちが見つけた・聞いた音を，保育室で再現してみることもおもしろい。そこから，楽器などに対する興味・関心も広がっていくのではないだろうか。

4）音をつくる　楽器に対する興味・関心が高まってきたら，実際にいくつかの楽器を使って，その楽器の音色や響きを聞き，表現活動をしてみたい。楽器はこう演奏しなければならない，というような型にとらわれず，子どもの自由な表現を工夫させたい。

5）音を身体で表す　子どもは実によく動く。乳児のころから身体全体を使って，自分の感情を表現している。幼児期には，歩いたり，走ったり，跳んだり，揺れたり，とにかく動くことを楽しんでいる。このような時期に良い音楽に出会うと，さらに子どもは身体全体でそれを表現しようとする。子どもにとって音楽と動きは，生活の中で切り離せないものである。保育者は，子どもの自由な身体表現活動を大切にし，子どもの意欲を高める，豊かな成長のために確かな援助をしたい。

引用・参考文献

梅本尭夫『音楽心理学』誠信書房　1966.
梅本尭夫『こどもと音楽』（シリーズ人間の発達11）東京大学出版会　1999.
波多野誼余夫『音楽と認知』東京大学出版会　1987.
正高信男『０歳児がことばを獲得するとき』中公新書　1993.
リタ・アイエロ編，大串健吾監訳『音楽の認知心理学』誠信書房　1998.
リュビリンスカヤ，A.A.，藤井敏彦訳『幼児の発達と教育』明治図書　1965.
Hargreaves, D. J. *The developmental psychology of music.* Cambridge University Press. 1986.
Lecanuet, J. P. Foetal response to auditory and speech stimuli. In A. Slatter (Ed.) *Perceptual development : Visual, auditory, and speech perception I infancy.* Hove, UK : Psychology Press, 317-355, 1998.
Moog, H. *The musical experience of the pre-school child.* Translated by C. Clarke. Schott. 1976.

第 2 章
乳幼児に対する音楽の指導方法の歴史

Ⅰ．ダルクローズの音楽教育

1．ダルクローズの音楽教育の意義

スイスの作曲家，音楽教育家であったエミール・ジャック＝ダルクローズ（Emile Jaques-Dalcroze, 1865-1950）は，リトミック（rhythmics）を創案し，その生涯をリトミック教育とその発展に捧げた。

彼の音楽教育の理論は，伝統的な音楽教育が子どもの心身の発達や総合的活動を無視して個々の音楽技法の上達だけをめざして行われていることへの疑問から出発している。ダルクローズは，ジュネーブ音楽学校時代，和声学やソルフェージュの授業で，学生たちの音楽的センスに問題を感じた。聴音力は，訓練によってある程度伸びたが，拍子やリズムの変化，ニュアンスなどについての感覚に問題が残ることに気がつき，どうすれば学生たちの音楽性を高めることができるか，音楽教育のあり方について研究を始めたのであった。そして，音感感覚とは，聴覚のみによらず，全身の筋肉，神経の機能の作用によるものであるということを発見した。与えられた刺激に対して肉体反応運動を起こし，表現させる練習を編み出したのである。「音楽は聴覚だけで受けとめるのではなく，手をはじめ身体のすべての部分で感じ取っている」という，リトミック発見の逸話は有名である。ダルクローズは，リトミック教育の普及と発展のために，「リズムへの手引き」「リズム運動，ソルフェージュ，即興演奏」「リズムと拍子と気質」などの論文を発表したり，巡回公演をするなど，生涯，精力的に啓蒙運動を続けた。

2．リトミック教育

リトミックは，子どもの音楽的センスの向上をめざして考案されたもので，リズムを主体として，音楽を筋肉感覚に反応させ，音楽的表現の基礎を身につける教育方法である。リトミックにおいては，音楽反応（musical response）が重視され，音楽を聞いて感じたことを直ちに表現することが求められる。ダルクロー

ズは，この音楽反応ということばを使って，音楽的な感覚や基礎能力の育成に関する問題を明らかにした。ダルクローズによれば，音楽反応とは，音楽を聞き，それによって感じた内的な音楽思考を即時的に表現する一連の動きを意味する。したがって，リトミックにおける一連の動きは，神経組織と筋肉組織に対して，リズム的な刺激を与え，その刺激に応じて全身が反応するように訓練しようとするものである。リズムは，音楽，身体の動き，生活，自然の中などにみられる共通要素であるが，音の強弱，高低，長短などと，身体の動作の強さ，長さ，大きさなどの相関関係を身をもって感じ取ることによって，音楽的発達だけでなく，生活のあらゆる面に良い影響を及ぼすものであると言われている。

　ダルクローズは，リトミック教育の課程を①リズム運動，②ソルフェージュ，③ピアノの即興演奏の三つの部門に組織した。

　①のリズム運動は，身体的なリズムに対する感覚，およびリズムの聴覚的見解に目覚める学習を目的にしている。時間（time），空間（space），力（energy）の三つの関係がリズムを学習させる上で最も大切な要素であり，生活の上でも不可欠な条件である。リズムを感じることにより，身体をコントロールさせ，強弱の変化によって，音楽のニュアンス（表情）を知り，音の長短は，空間を時間と動きの関係をもって，数学的に理解させることができる。

　②のソルフェージュは，音高，音の関係，音質の識別についての感覚を目覚めさせる学習によって，音楽を聞く耳を育成することを目的としている。

　③の即興演奏は，リズムとソルフェージュの原理を結合させ，その発展としてピアノによる音楽表現を行うことを目的としている。

　これらの教育原理に基づいて，身体や耳や心を訓練するために各部門それぞれに22項目の教育課程を設定している。ダルクローズは，これらの指導を実施するにあたっては，常に教師の独創性を重視し，子どもに働きかける適切な音楽環境を工夫し，子どもの想像力を伸ばす即興的な活動ができるような創造的活動をすすめている。

3．日本におけるリトミック

　日本に初めてリトミックが紹介されたのは明治40年代である。これは，歌舞伎や新劇俳優の身体表現の基礎訓練に導入されたようである。その後，大正初期，作曲家の山田耕筰が西洋音楽を理解させるためにはリトミック教育が重要だと考えて，これを導入したと言われている。その後，モダンダンスの創始者である石井漠，舞踏家の岩村和男，元国立音楽大学付属幼稚園長の小林宗作，元東京女子体育大学教授の天野蝶，国立音楽大学教授の板野平らがその研究と普及に尽力し，現在に至っている。

　なかでも小林宗作（1893-1963）は，パリのダルクローズ学校でリトミックの

理念と教育方法を体得し，帰国後，後に玉川学園を創立した小原國芳と成城幼稚園を創り，子どもの教育にリトミックの理念を生かそうとした。小林は，「リトミックは心と体にリズムを理解させる遊戯」と述べている。すなわち，母親が乳児を抱っこしてうたいかけながら揺らしたり，トントンと背中をたたいたりするとスヤスヤと眠ってしまうことも，乳児は触覚によってリズムを感じているのであり，初歩的なリトミックなのである。したがって，乳幼児期のごく早い時期では，ダルクローズの精神やリトミック教育のねらいを念頭におきながらも，無理のない方法で親子や保育者との応答的な関係，身体を使った遊びの工夫が最も重要である。さらに，幼児教育の中ではリズム教育が最も重要としながらも，「幼児の生活は未分化で，全体的活動の時代であるから，リトミックのように分析された姿ではなく，常に渾然としたまま，音楽や舞踏の中にかくれたままで取り扱われることが肝要」と述べている。

　小林から学ぶべき大切なことは，いろいろな手あそび，わらべうたあそび，運動あそびや総合的な遊びの根底にリトミック教育のねらいが潜在的カリキュラムとして流れているように細心の注意をはらい，子どものリズム教育の臨界期を逃がさないようにすることではないだろうか。

4．幼児のリトミック

　幼児は身体を動かすことが大好きである。幼児は，音楽やリズムに注意を集中させながら，身体を使って反応し，表現しようとする。幼児を対象としたリトミックは，心身のバランスのとれた人間を育てる，「音楽による人間教育」であることを踏まえた上で，一人ひとりの個性のある表現を培うための内容と方法でなければならない。幼児にとって日々の生活そのものが刺激であり，発見である。したがって，保育の中でのリトミックでは，子どもの身近な生活の中に題材を求め，動き，うたい，演奏することによって，感性を引き出していくのである。

　リトミックを指導していく場合，子どもの意欲を出発点として，まず，模倣を通して音楽の基礎事項を学ばせ，さらに，言語活動を織りまぜながらそれらを使った創作活動を行わせ，想像力を伸ばすようにすることが，保育者に求められる。また，保育者は子ども一人ひとりの性格を知り，知的・身体的能力の限界について知ることが大切であり，無理のない方法で指導していくこと，その内容や指導方法が適切であった否かについて，子どもの反応をみながら常に反省する態度が重要である。子どもたちが興味をもって取り組めるような内容を工夫することによって，音楽の基礎が身につき，表現の基礎的な能力が高まると言えよう。

リトミックとの出会い―打楽器奏者として

　プロの打楽器奏者であり，日々後輩の指導にあたっている筆者がリトミッ

クに出会ったのは,「音空間」をつくれない,リズムをうたえない……学生への指導に悩んでいた時だった。リトミックのもつ躍動感や深い音楽理念にふれ,リトミックは幼児教育にとどまるものではなく,音楽家の感性や資質を磨くものとしても必要であると実感し,私自身の教育法にも取り入れるようになった。同時に保育の場では,保育者が子どもに「子どもだからこの程度で……」などと見切ったり,何事も保育者の言うとおりにまねさせたりして,音楽の技術を習得させようとせず,子どもだからこそ,音楽のもつ本来のエネルギーや感覚を自ら感じ表現できるよう配慮しなくてはならない,と説いている。

II．コダーイの音楽教育

1．コダーイの音楽教育の特徴

　　ハンガリーの音楽教育家であるコダーイ・ゾルターン（Kodaly Zoltan, 1882-1967）は,バルトーク（Bartok Bela, 1881-1945）と協力してハンガリーの民謡の収集,分析研究した。そして,「コダーイ・システム」と呼ばれる民族音楽と移動ド唱法によるソルフェージュを音楽教育の基本におく独自の教育方法を確立した。「音楽は万人のもの」ということばは,コダーイ・システムの基本理念となっており,ハンガリーの音楽的伝承の上に音楽教育の基礎がすえられている。そして,音楽活動は,耳（聴取力）と頭（理解力）と心（音楽性）と手（演奏技術）を洗練することを強調している。コダーイは,ハンガリーの音楽文化の発展と継承に価値観を見出す国民の育成をめざしたわけであり,その背後にあるハンガリーという国の歴史的背景を顧みる必要があると言えよう。

　　コダーイ・システムとは,次に示す三つの特徴をもっている。

　　1）わらべうたや民謡の重視　　コダーイは,すべての子どもたちが,音楽的母国語から音楽学習を始めれば長調や短調の音楽を習得することは容易であると主張している。

　　ハンガリーの民族音楽こそがハンガリーの音楽教育の基本的教材であると考え,多くの音楽作品を教材として書いた。教材集としては,4巻よりなる2声の歌集「ハンガリーのピチニウム」,全音進行の歌詞のない2声の練習曲集「清潔

な音程で歌おう」，4巻よりなる読み方練習曲集「ペンタトニックの音楽」などがある。これらは，ハンガリー民謡の特徴ある5音音階（pentatonic scale）から導入されている。これらの楽譜には略譜が用いられており，これは音符によるリズム譜とレターサインとの組み合わせである。

レターサインとは，より読みやすくするためにリズム譜に書き加えられる文字記号のことで，ハンガリーでは次のように書き表し，階名の頭文字が楽譜の代わりとして用いられている。

　　d　r　m　f　s　l　t
　　ド　レ　ミ　ファ　ソ　ラ　ティ(シ)

2) ソルフェージュ教育の重視　コダーイは，すべての人々が音楽の読み書きができるようになり，音楽上の文盲をなくすことを主張している。そして，子どものわらべうたの中に人間が音楽することの発芽を見出し，そこには，音楽表現に直接つながる情緒的経験があり，ことばとメロディ，動きと音楽などの関連性が最も原初的に密着した形で存在していると考えていた。そこで，子どもたちが音楽上の語彙を習得するために，階名唱法・移動ド唱法・ハンドサインなどの指導法を示した。これらの指導法は，コダーイの教育法を推進するハンガリーの音楽教育家によって受け継がれ，組織づけられて実践されている。

3) 音楽教育の系統・組織の重視　コダーイは，音楽文化の基礎は学校教育にあると主張し，できるだけ早い時期，すなわち，幼稚園や保育園の時期から系統・組織づけられた音楽教育を行うことが，その教育法の理念と実践に組みこまれている。

幼稚園や保育園における音楽教育の重視は，次のような考えによるものである。

(1)　幼児期の音楽体験は音楽性を洗練させるだけでなく，聴取力，集中力，刺激の伝達，感情の領域，さらに一般的生理作用に良い影響があり，子どもの多面的な発達を促し，幼児期のこのような体験は，その人の生涯を決定する。

(2)　子どものわらべうたには民族音楽の原初的なかたちがあり，わかりやすい歌詞の比較的狭い音域の子どものわらべうたを最初の教材としていることは，その民族のさまざまな現象を明解に表わしている。

(3)　生活様式の変化に伴って，失われつつあるわらべうたなどの伝承を幼稚園や保育園が担っていくことが重要である。このような民族的わらべうたを通して，歌と身体の動きを相互に関連づけることができるのである。

2．「コダーイ・システム」導入にむけて

日本にコダーイ・システムが紹介されて約30年間が経過し，教育現場で彼の理

念に基づいて実践されている。近年，学校教育において「西洋音楽一辺倒」に対する批判から日本の伝統音楽の見直しが叫ばれ，さらに音楽教育にコダーイ・システムを取り入れようとする傾向が多くみられるようである。しかし，コダーイの理念を表面的にとらえて安易な実践を行っている例も多くある。たとえば，単に才能教育のためのソルフェージュ教育法と考えて実践していたり，また，日本の伝統音楽の特徴である五音音階がハンガリーの民族音楽の特徴と似通っていると共通点から，ハンガリーの音楽教材を日本の子どもにそっくりそのまま適用させていたりという点である。これらのことは，ハンガリーと歴史的・文化的に異なった背景をもち，使用言語も異なるわが国にそのまま適用させることは困難であろう。

　コダーイ・システムはハンガリーの音楽文化向上を具現化するための実践方法であり，その国のことばのリズムやイントネーションを大切にしている。したがって，このシステムの理念や方法を日本における現実と土壌に照らし合わせながら再構成しない限り，日本に正しく定着させることは難しいであろう。

　音楽教育の内容や教授方法において統一した見解がとられていない日本での現状から考えると，まず，日本独自の音楽教育研究に関する方法論を開発し，わが国の文化的風土の中でどのようにシステム化していくかについて検討していくことが重要であろう。

Ⅲ．オルフの音楽教育

1．オルフの人間像と業績

　ドイツのミュンヘンに生まれたカール・オルフ（Carl Orff, 1895-1982）は，作曲家であり，音楽教育家でもあるという二つの顔をもっている。それぞれの側面について，業績を紹介する。

　1）作曲家としてのオルフ　　5歳のころから独学でピアノを学び始めたが，練習することよりも創作することに喜びを見出していた。少年時代には多くの歌曲を作曲し，16歳の時には初めての歌曲集が出版された。その後，ミュンヘン高等音楽学校に進学。東洋音楽への関心を深め，1913年には，日本の歌舞伎「寺子屋」を題材にした最初のオペラ「犠牲　Gisei」を作曲した。

　第一次世界大戦後，ミュンヘン，マインハイム，ダルムシュタットの歌劇場の指揮者を歴任し，その後，カミンスキーに師事，厳格なバロック音楽にも興味をもち，さらに劇音楽作曲家として活躍した。

　1937年，オルフ42歳の時，舞台形式のカンタータ3部作の第1部「カルミナ・

ブラーナ」を完成，作曲家として認められるようになった。この後，作曲家としての活動は，1973年まで続けられた。

　２）教育者としてのオルフ　　1924年，オルフはかねてよりの教育に対する理想を実現するため，ギュンター学校（舞踊と音楽のための学校）を設立した。この学校でオルフは試行錯誤の末，誰もが演奏のできるやさしい音楽によって教育する方法を編み出した。それは，民族音楽のような，身体の動きや楽器の演奏が入り混じった，しかも表現する者と鑑賞する者をはっきりと区別しない，未分化なもので，誰もが参加できる自由な音楽であった。

　第二次世界大戦後，オルフは子どものためのラジオ番組の放送を依頼された。この番組を担当するにあたって，オルフは，従来の音と動きの一体化を図った教育に，新たにことばの表現を加えたという。ここで8～12歳の子どもたちと共に行った音楽活動の記録は，『オルフ・シュールヴェルク"子どものための音楽"』全5巻として出版され，以後，全世界に広まった。

　現在，オルフの考えを基にした教育は，「シュールヴェルク」「オルフの教育」「オルフの音楽教育」などと呼ばれ，世界各国で研究，実践が続けられている。

２．オルフの音楽教育の特徴

　オルフの教育の特徴は，何よりも，「音楽は大人が教え込むものではなく，子どもの中にあるものを引き出すことである」と考えていることである。

　この教育には，厳格に固定されたシステムや，指導法は存在しない。つまり，子どもに特定の技術を身につけさせることをねらったレッスンを行って，そこでの到達目標を達成したら次のステップに進む———というような指導は行わない。オルフ自身は，自分の教育法は，システムでもメソッドでもなく，アイディアだと言っている。目の前にいる子どもの様子，子どもを取りまく環境の特徴，さらには指導者本人の個性に応じて，柔軟に活動を展開していけばよいのである。そのためには，オルフの教育理念とはどのようなものなのかをよく理解し，自分なりの方法を編み出す力が求められる。

　オルフの教育には，主に次に挙げる五つの特徴がある。

　１）音，動き，ことばの一体化（エレメンタールな音楽）　　音楽とは，音だけで成り立つものではなく，音，動き，ことばが一体となっているものであると考えられている。このことについては，オルフは「エレメンタール」ということばを用いて説明している。エレメンタールとは，構成の素材であり，根本的なものであり，出発点を意味することばである。そして，エレメンタールな音楽とは，誰でも演奏できる音楽であり，聞き役にまわる音楽ではなく，弾き役に加わる音楽であるという。つまり，完成された音楽以前の，もっと混沌とした，「音楽以前のもの」を重要視しており，ことばや身体の動きと切り離せないものであ

ると考えているのである。そして，人間が受身で音楽とかかわるのではなく，自らの手で生み出すものであると考えている。このような，未分化な音楽は，古代原始社会や未開の社会で見られるものである。オルフは，子どもの遊びの観察から教育へのヒントを得たと言われている。子どもの遊びの中には，音や身体の動きやことばがゆるやかにつながり，時には一体となったものが頻繁にみられる。これを意識的に取り上げて，教育の中に位置づけようとしているのである。

　また，音，動き，ことばで表すということだけでなく，「聞く」ということも重要視されている。「音楽以前のもの」を敏感に感じ取る力を育てることが考えられていると言えよう。

　2）即興表現の重視　大人が一方的に教え込んでいくのではなく，子どもが自ら考え，自分で音楽をつくりだしていく力を育てることを重視している。

　乳幼児は，積み木で床をたたきながら「トン，トン，トン」とつぶやいたり，ブランコを揺らしながら歌をうたうなど，リズミカルな表現を行っていることがある。これらは，音楽表現とも言えるが，遊びそのものである。オルフは，このように子どもが心のままに行っている自由な表現を重要視した。

　つまり，いかに上手に正しく演奏させるかを考えるのではなく，子どもが自分なりの方法で心のままに表現できるようになることをめざしたのである。しかしながら，子どもの自由な，即興的とも言える表現は，大人が消極的に見守ったり，放任したままでは，広がり発展していくことは難しい。大人が子どもの様子を敏感にキャッチし，時には積極的に，先の見通しをもった指導をすることが必要である。

「これ，なに？」
　初めて出会った楽器と真剣な表情でかかわる子ども

　3）母国語を教育の出発点とする　子どもたちが思わずつぶやくことば，遊びの中のかけことば，はやしことばなどは，知らず知らずのうちにわらべうたの音階になっている。これは，大人が子どもに教え込まなくても自然にみられることである。

　オルフの生まれ育ったドイツでは，ソとミという下降する短3度のメロディのわらべうたがよくうたわれる。日本の場合はどのようなメロディが表れるだろうか。

（楽譜：2/4拍子　もう　いい　かい　／　まあ　だ　だ　よ）

　ソとシとラの3音を中心としたものを例に挙げたが，各地方のイントネーショ

ンによって，メロディーは変化するものである。

　オルフの教育では母国語のことばのもつ音や，抑揚やリズムに着目をし，誰もが話していることばを，リズミカルなものやメロディに発展させていくことを考えている。

　　参考：日本のわらべうたによくみられる音階を示す。

　　　　民謡音階

　　　　都節音階（陰音階）

　　　　　　　　　　　　　　　全音符（○）は核音

　4）オスティナートを活用する　　オスティナートとは，同じリズムやメロディを何回も繰り返すことを意味する。オルフの教育の中では，オスティナートは音楽を発展させるための重要な方法とされている。同じ音形を反復するだけなので，子どもは抵抗を感じずに演奏ができる。また，伴奏に用いるだけではなく，いろいろなオスティナートを組み合わせるだけでも効果的なアンサンブルが可能である。

　5）オルフの教育用楽器　　オルフは，子どもにふさわしい楽器として，「音色の美しい楽器」「奏法のやさしい楽器」「丈夫な楽器」という三つの条件を挙げている。これにあてはまる楽器としては，以下のものが考えられる。

　声と身体　　身体を楽器として，またリズムを感じる手段として扱うことは，古くからの人間の自然な表現である。身体をもとにした楽器は主に，手拍子，足拍子，ひざ打ち，指ならしの四つが挙げられている。そして，これらは，打楽器への導入としても重要な役割をもつものとして扱われている。

　教育用楽器
　① 高低のない打楽器
　　・金属製のもの：トライアングル，フィンガーシンバル，カウベルなど

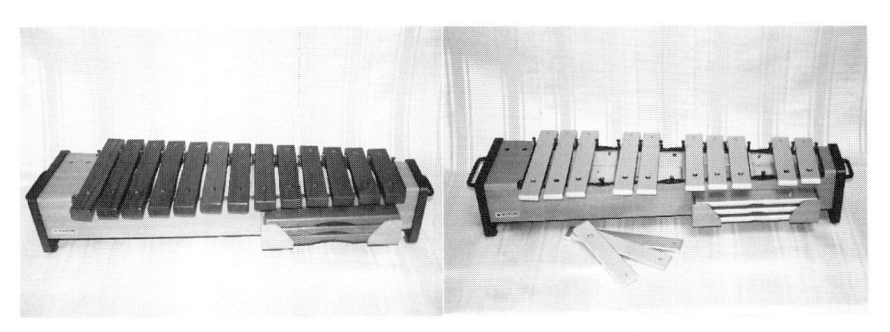

　　　　木琴　　　　　　　　　　　鉄琴

・木製のもの：ウッドブロック，クラベス，ギロなど
・皮革製のもの：ハンドドラム，ボンゴなど
・大きい打楽器：ティンパニ，ゴング，つりシンバルなど
② 音板楽器
・メタロフォン（ソプラノ，アルト，バス）
・グロッケンシュピール（ソプラノ，アルト）
・シロフォン（ソプラノ，アルト，バス）

オルフの考案した音板楽器には数々の工夫がみられる。まず一つは，音板が自由にはずせるということである。使い方を例に挙げると，演奏したい曲に音が二つしか出てこない場合は，必要な音のみを残して他の板をはずせばよい。そのことで，子どもは，間違うことも少なく，抵抗を感じずに演奏を楽しむことができる。また，ド，レ，ミ，ソ，ラの5音だけを使った音階（ペンタトニック）は，半音がないため，不協和音が生じない。そのため，音板をペンタトニックに設定すれば，誰でも簡単に，美しい即興音楽をつくることができる。

また，美しい音色が出るように音板の下に共鳴箱ついていること，さまざまな硬さのマレットが用意されていることなどの特徴もみられる。

③ リコーダー及びその他の楽器
・リコーダー
・弦楽器：ギター，チェロなど
・その他：オーケストラで使用するような楽器も，バランスに配慮すれば可能

④ 手作り楽器……オルフ自身は第二次世界大戦後の物資の乏しい中，ガラスのコップを用いた実践を行っている。それは，いくつか用意したコップに，子どもが水を入れて音の高さが変わることを発見し，そこから音楽を作るというものだった。私たちも聞く耳を育てることに配慮しながら，子どもと共に身のまわりにあるさまざまな素材を使って楽器を作ることが可能である。

3. 日本へのオルフの音楽教育導入の経緯と今後の課題

オルフの音楽教育が日本に初めて紹介されたのは1950年代である。その後1962年にオルフが来日したのをきっかけに注目され，小学校を中心に多くの実践が行われた。しかし，ブームとも言える現象はわずか数年で幕を閉じた。その要因としては，教育理念を十分理解することなしに，楽譜や楽器などを安易に取り入れたことが挙げられる。その結果，「楽器中心の音楽教育」であるというイメージがもたれ，楽器演奏の指導だけが考えられた。そして，「簡単な，やさしい，楽な」活動としてとらえられ，飽きられてしまったのだと考えられる。

このような経過を受け，現在，幼児教育ではオルフの名があまり知られていな

い。しかし，オルフのリズムや音に対する広いとらえ方や子どもの主体性を重んじる考え方は幼児教育の理念に共通するものであり，学ぶところの多い教育法である。

> **オルフに学ぶ―教育者として**
>
> 「私はピアノを弾くのが下手だから，音楽を教えるのは苦手」などと，考えたことがある人はいないだろうか。はたして本当にそうなのだろうか。
>
> カール・オルフの理念の素晴らしさは，「音」「身体の動き」「ことば」など，私たちのごく身近にあるものに価値を見出したことにある。子どもたちは絶えずおしゃべりをしているし，身の回りには，自然など環境の音があふれている。「こうやって，教えなければならない」というような，方法に気をとられず，力を抜いてみてはどうだろうか。絵本の中に出てくるリズム，子どもの口ずさむ歌，静かにしていると聴こえてくる音……。まずは，「音」「身体の動き」「ことば」をじっくり観察してみよう。そして，それを子どもと同じ目線に立って楽しんでみよう。その後はどうなるか。子どもと一緒に考えていくところに本当の楽しさがある。
>
> 教える立場である前に，一人の人間としてリズムと向き合うこと。オルフは教育者の有り様を示してくれている。

引用・参考文献

〈ダルクローズ〉

板野平『リトミック・プレイルーム』 ひかりのくに 1975.

小林宗作『幼な児の為のリズムと教育』（大正・昭和保育文献集第四巻） 日本らいぶらり 1978.

エミール・ジャック＝ダルクローズ, 板野平訳『リトミック論文集 リズムと音楽と教育』 全音楽譜出版社 1975.

チョクシー, L・エイブラムソン, R・カレスピー, A・ウッズ, D., 板野和彦訳『音楽教育メソードの比較』全音楽譜出版社 1994.

〈コダーイ〉

Forrai, K. & Szonyi, E., 羽仁協子・谷本一之・中川弘一郎訳『コダーイシステムとは何か―ハンガリー音楽教育の理論と実践』全音楽譜出版社 1974.

岩井正浩『ハンガリーの音楽教育と日本―フォライ・カタリンとの対話より』音楽の友社

1991.

Torda, I., コダーイ芸術教育研究所訳『ハンガリー教育原理の基礎』明治図書　1986.

Kodaly, Z., 中川弘一郎訳『コダーイ・ゾルターンの教育思想と実践』全音楽譜出版社　1980.

〈オルフ〉

NHK編「カール・オルフ博士を迎えて－こどもはリズムに生きる」1962.

星野圭朗『オルフ・シュールベルク理論とその実践－日本語を出発点として』全音楽譜出版社　1979.

星野圭朗・井口太編『子どものための音楽　Ⅰ．わらべうたと即興表現』日本ショット株式会社　1984.

宮崎幸次『オルフの音楽教育－楽しみはアンサンブルから－』レッスンの友社　1995.

Orff, C.・Keetman, G. *MUSIK FÜR KINDER* B.Schott's Söhne　1950-1954.

Frazee, J.・Kreuter, K., *DISCOVERING ORFF* Schott Music Corporation　1987.

カール・オルフの顔写真は，井口太氏からお借りしました。ご好意に感謝申し上げます。

第 3 章
領域「表現」と音楽教育

I．領域「表現」の意味

　　　　幼児教育の中で「領域」ということばが初めて使われたのは，昭和31(1956)年に「幼稚園教育要領」が刊行された時である。ここでは，「健康」「社会」「自然」「言語」「音楽リズム」「絵画製作」という六つの領域が登場したが，昭和39(1964)年の改訂告示の際にも受け継がれた。領域ごとに「望ましいねらい」が挙げられ，それらのねらいは，「幼児の具体的，総合的な経験や活動を通して達成される」ものであるとされた。しかし，実際には，6領域の各名称や内容が，小学校の教科と混同されやすいものであったため，十分に理解されない傾向がみられた。

　　　　たとえば，昭和39年版の領域「音楽リズム」の内容には，次のような項目が示されていた。

　　(1)　すなおな声，はっきりとしたことばで音程やリズムに気をつけて歌う。
　　(2)　曲の速度や強弱に気をつけて楽器をひく。
　　(3)　みんなといっしょに喜んで楽器をひく。
　　(4)　みんなといっしょに喜んで音楽を聞く。

　　　　領域「音楽リズム」は，幼児の音楽教育を系統的，組織的に計画していく上で参考になるものであった。しかしながら，実際には，「みんなでいっしょに楽しむこと」や「正しく歌う，正しくリズムを打つ」というようなことを到達目標と考え，高度な演奏技術を育てることや，一斉に指導することに関心が寄せられる傾向がみられた。また，各領域を切り離して考え，それぞれの領域ごとに経験や活動を分けて指導する風潮が生まれたのである。

　　　　このような流れの中で，乳幼児期に最も大切なことは何かが改めて検討され，「幼稚園教育要領」は，平成元(1989)年3月に二十数年ぶりに改訂された。ここでは，従来の6領域（「健康」「社会」「自然」「言語」「音楽リズム」「絵画製作」）から代わり，新しい領域として，以下の5領域が示された。

　　1　心身の健康に関する領域「健康」

 2　人とのかかわりに関する領域「人間関係」
 3　身近な環境とのかかわりに関する領域「環境」
 4　言葉の獲得に関する領域「言葉」
 5　感性と表現に関する領域「表現」

　平成元年告示の「幼稚園教育要領」での5領域は、旧教育要領の領域の分け方とは、性格を異にする。つまり、幼児の発達は総合的なものであるが、いくつかの側面から見ていくことを考え、五つの領域を定めたのである。この五つの領域は、幼児の姿を理解していく上での視点であるので、一つひとつの領域は、切り離されたものではなく、それぞれがつながっていると考えるものである。

　また、平成元年告示の「幼稚園教育要領」の全体を見渡すと、幼稚園教育の基本を「環境と通して行うもの」とし、「幼児の主体的な活動を促し幼児期にふさわしい生活が展開されるようにする」ことや、「遊びを通しての指導を中心とする」こと、「幼児一人一人の特性に応じ発達の課題に即した指導を行う」ことなどが示された。これまでの保育者の指導を中心においた保育から、一人ひとりの子どもの遊びを中心とする保育へ転換することとなったと言える。

　さて、5領域の「表現」は、旧教育要領の「音楽リズム」「絵画製作」を単に統合したものではない。音楽や、造形というようにはっきり区別できない、もっと混沌とした素朴な表現までを含めて、幼児のありのままの姿をみていこうとするものである。

　表現する——ということは、内にあるものを外に表す行為である。これは、人間であれば誰でも日常的に行っている行為であるが、乳児の時からすでに原初的な表しがみられる。乳児は、快い気分に満たされている時は、穏やかな表情を浮かべゆったりとした時間を過ごす。しかし、おむつがぬれていたり、空腹を感じたりするなどした時は、大声で泣いたり、ぐずったりするなどして不快な気持ちを表現する。また、少し大きくなり、離乳食を食べるようになった乳児では、食事の前にニコニコしながらテーブルをたたくような行為がみられることがある。これは、その乳児にとっては、（もうすぐご飯だ、うれしいな）あるいは（早くちょうだい）という思いからの動きかもしれないし、あるいは（テーブルをバンバンたたくのはおもしろい）という気持ちの表れかもしれない。このように、まだ不明瞭で混沌としている表し方が乳児期の特徴であり、成長して幼児期を迎えても、声や自分の身体そのもので表現する傾向が強い。

　かつての領域「音楽リズム」「絵画製作」の時代には、子どもの不明瞭で混沌とした「表現以前のもの」のような行為を領域の中で考えていくことは難しかった。また、大人の世界で通用する、音楽や美術といった文化的な内容を子どもにあてはめて指導する傾向がみられた。つまり、一人ひとりの子どものありのままの姿や、自発的に表したいという欲求や思いを、6領域の中で考えていくことに

限界があったとも言える。

　このような課題を基に領域「表現」は，誕生したわけであるが，一人ひとりの子どもが「音楽表現」「造形表現」という枠を超えて自分なりに感じたり，考えたことを大切にし，自分らしく表現していける環境を保障するということが何よりも大切である。

　つまり，どんな小さな出来事にも目をとめて，感じたり考えたりするという経験を積み重ね，自分の思いをどんなやり方であれ，自分らしく表せるという場があり，それを見守ってくれる大人がいるということで，いろいろな物事に敏感に心を動かせる豊かな感性が生まれ，「表現してみたい」という心情，意欲，態度が育つことにつながる———と考えるのが，領域「表現」の意味するところである。

　さて，平成元年告示より領域「表現」はスタートしたが，平成10 (1998) 年12月の「幼稚園教育要領」改訂告示では，改めて5領域の重要性が言われることとなった。領域「表現」のねらい及び内容は，ほとんど変化することなく，わずかに加筆，修正が加えられたが，これは，過去10年の領域のあり方が好意的に評価された結果だと考えることができる。

　新教育要領の全体を見ると，改めて理解が求められることになった点がいくつかある。それは，「幼児の主体的な活動が確保されるよう幼児一人一人の行動の理解と予想に基づき，計画的に環境を構成しなければならない」こと，「教師は，幼児と人やものとのかかわりが重要であることを踏まえ，物的・空間的環境を構成しなければならない」こと，そして教師は「様々な役割を果たし，その活動を豊かにしなければならない」ことである。平成元年以来，幼児の遊びを中心においた保育が心がけられてきたが，新しい教育要領では，幼児の主体的な活動をよりいっそう豊かにするために，人的・物的環境を積極的に構成するという教師の役割が強調される内容となった。

　また，「幼稚園教育の目標」については，近年の子どもを取りまく環境の変化や社会の要請に応えるべく，「生きる力の基礎を育成する」ということや「家庭との連携を図る」ということばが付け加えられた。

　「教育課程の編成」では，各園での「創意工夫」が必要であることや，幼児期を「自我が芽生え，他者の存在を意識し，自己を抑制しようとする気持ちが生まれる時期」であることを確認し，そのような発達の特性を踏まえることが強調されているところが新しい。

　また，領域「表現」は，「感じたことや考えたことを自分なりに表現することを通して，豊かな感性や表現する力を養い，創造性を豊かにする。」ものであるとされ，新たに「自分なりに表現する」ということばが加わった。

　このような点を踏まえながら，次節では，平成10年12月告示の現行の「幼稚園

教育要領」の領域「表現」について詳しくみていきたい。

II．「幼稚園教育要領」の中での領域「表現」のねらい

　「幼稚園教育要領」の各領域には，「幼稚園修了までに育つことが期待される，生きる力の基礎となる心情，意欲，態度」などが「ねらい」として定められている。「ねらい」とは，保育者が子どもに対してもつ願いのようなものである。一人ひとりの子どもの遊びを中心とした保育を展開していくことが重要であるが，どのように育ってほしいのか，保育者が先の見通しをもち長い目で見つめながらかかわっていくことが必要である。これを具現化したものが，「ねらい」である。

　領域「表現」においては，以下に示す三つの「ねらい」が掲げられているが，表現した成果を問うのではなく，幼児期に育てたい感性や，表現しようとする意欲をねらいとしており，幼児自身が主語になっていると言える。

　(1)　いろいろなものの美しさなどに対する豊かな感性をもつ。

　日本は，四季の移り変わりがとりわけ美しく，日常，さまざまな場面で自然のすばらしさを発見できる。都市化が進み，自然環境にふれることが難しくなったことは事実であるが，保育者自身が，木々のざわめき，風のにおい，雨の音などに静かに向き合い，発見したことを子どもたちに伝えることはできよう。子どもの感性を育てるためには，何よりも，保育者自身が小さなことにも感動できる豊かな心をもつことが大切なのである。また，このねらいでは，「美しさなど」という表現がされていることに注目したい。子どもは，大人が美しいと感じないことにでも興味をひかれ，夢中になることがよくあるだろう。泥をこねて遊ぶのも，水たまりの中で飛び跳ねるのもそうである。大人は，子どもにとって美しいものを考え，ささいなことでも敏感に受けとめ，共感することが求められている。

　(2)　感じたことや考えたことを自分なりに表現して楽しむ。

　「自分なりに」ということばは，現行の「幼稚園教育要領」で新たにつけ加えられたものである。子どもが感じたこと，考えたことを表す手だてはさまざまである。それが発展した場合，結果として音楽や造形，劇といったものに分化していく可能性はある。しかし，それを期待する以前に，まず，子どもの表現してみたい，してみようという気持ちをしっかり受けとめてやることが何よりも必要なことである。子どもが自由に何にでもかかわれる環境の中で，自分なりのやり方で表すことの心地よさを味わうことによって，自分の思いを表現する喜びを覚え，将来的にも自分自身のよさを発揮できるであろう。幼児期には，子どもに表

現することを楽しませるだけではなく，子どもの意欲を大切にすることが求められている。中には，音楽を聴きながらの身体表現ができなくても，心の中で躍動感を感じ，楽しんでいる子どももいるはずである。一人ひとりの心の動きに目をとめ，一人ひとりを生かすことが大切である。

　(3)　生活の中でイメージを豊かにし，様々な表現を楽しむ。

　子どもが何かを生き生きと表現している時，頭の中ではイメージをいっぱいにふくらませていることがある。ここで，一つの事例を挙げてみよう。

> 　ある時，5歳のA男が一人で柱にもたれかかり，ズボンの両サイドにあるポケットにそれぞれ手をつっこみ，目をつぶって立っていた。近づくと，A男は「大きな古時計」をうたっていた。その表情は，うっとりとしており，しかし時々顔をしかめながらささやくようにうたっていたのである。そのうち，パッと目を開けると，いつもの子どもらしい表情で，「あれ？　おじいさんの生まれた朝に……何だっけ。忘れちゃった。」とつぶやいた。

　A男は，当時「大きな古時計」をうたっていた男性歌手にあこがれ，そのイメージにひたりながらうたっていたのだと考えられる。A男の姿から，生き生きとうたうためには豊かなイメージが必要であること，一人でリラックスしている時には，自由気ままに身体全体で表現できることなどを学ぶことができた。一人でうたう，少人数の友だちとうたう。そこで共通のイメージをもって仲間とうたう楽しさを知り，もっとたくさんの友だちとうたいたいという気持ちが育っていく。保育者は，「童謡は，ピアノに合わせ，全員でうたう」という形式にとらわれず，まず一人ひとりの中に何が育っているのか，今必要な経験は何であるのかを日々考えていきたいものである。

　領域の三つの「ねらい」は，子ども自身の目標ではなく，大人に求められる姿勢を示したものであるとも言えるだろう。

　また，「ねらい」を達成するために指導する事項に，「内容」がある。「内容」は，「幼児が環境にかかわって展開する具体的な活動を通して総合的に指導されるものである」とされ，領域「表現」では，八つの内容が示されている。

(1)　生活の中で様々な音，色，形，手触り，動きなどに気付いたり，楽しんだりする。
(2)　生活の中で美しいものや心を動かす出来事に触れ，イメージを豊かにする。
(3)　様々な出来事の中で，感動したことを伝え合う楽しさを味わう。
(4)　感じたこと，考えたことなどを音や動きなどで表現したり，自由にかいたり，つくったりする。
(5)　いろいろな素材に親しみ，工夫して遊ぶ。
(6)　音楽に親しみ，歌を歌ったり，簡単なリズム楽器を使ったりする楽しさを

　　　　味わう。
　　(7)　かいたり，つくったりすることを楽しみ，遊びに使ったり，飾ったりする。
　　(8)　自分のイメージを動きや言葉などで表現したり，演じて遊ぶ楽しさを味わう。

　この八つの内容は，総合的な遊びの中でゆるやかに重なり合うものであり，別々に計画して経験させるものではないことは言うまでもない。

　音楽表現にかかわることばに目を向けると，(1)と(4)と(6)に記されていることがわかるが，中でも注目したいのは，(1)と(4)で，「音」ということばが使われていることである。

　今日の音楽教育の研究の中では，音が出るものは，すべて音楽の素材となり得るといった考え方が浸透してきた。「音楽」というと，既成の歌や楽曲など文化として完成されたものがイメージされるが，「音」は子どもにとって大変身近なもので，子ども自身が発見し，生み出せるものである。この「音」ということばが領域「表現」の内容で2回も使用されていることは，幼児の音楽教育を実践していく上での大きな手がかりになる。

　子どもが音に出会った事例を挙げてみたい。

> 　10月のある日，砂場で4歳のF男が空の牛乳パックに砂を入れて遊んでいた。その内，F男は，砂をパックに入れては逆さまにしてこぼし，また砂を入れてはこぼす――という動きを始めた。しばらくすると，空っぽにしたパックを持って，立ち上がろうとしたが，「何か音がする」とつぶやき，パックを開けてのぞき込んだ。偶然にも，小さな石が入りこんでいたのである。F男はパッと目を輝かし，何度も牛乳パックを振ることを繰り返し，耳をじっと傾けながら音を聴いていた。
> 　この時のF男は，牛乳パックや砂，小石の手触り，形，動き，色などいろいろなものをまるごと体感しており，時間と共に興味や発見が移り変わり，中でも音を発見した表情は充実感にあふれていた。

　このような場面に出会った時，保育者はどのようなかかわりができるだろうか。まずは，夢中に遊んでいるF男に必要以上のことばをかけないことだろう。また，音との出会いの場面に居合わせたら，「F男くん，素敵な音を発見したね」とF男の気持ちに共感し，一緒にその音を味わうという姿勢が大切であろう。また，他の子どもたちにF男の発見したことを知らせ，みんなでその音を聴くというような体験も可能であるし，「もっと，たくさん石を入れたらどんな音がするのかな」と，提案したり，他の入れ物を用意してやるなど，F男の発見した遊びをより充実発展させるための援助も考えられる。

　保育者は，子どもの遊びを見守りながら，そこで子どもが感じたり，発見した

ことを敏感に受け止め，さらに遊びが高まり，広まっていけるような，人的・物的環境を積極的に整えていく大きな役割を担っているのである。

　また，内容(6)では，「簡単なリズム楽器を使ったり」ということばが使われている。子どもにとって，楽器とは何であろうか。好きな時に自由にかかわり，いろいろなことを試せる「音の出るおもちゃ」であってほしい。遊ぶ中で思い切り音を出したり，音の変化を楽しんだり，友だちと一緒に聴き合い，合わせて出してみる――といった経験なしには，楽器を演奏する本当の喜びを知ることはできない。クラスで「キラキラ星」を演奏する計画を立てた場合，子どもたちは「キラキラ星」ということばにどのようなイメージをもつだろうか。「真っ暗な夜空に小さなお星様がいっぱい光っている」という情景を思い浮かべた場合は，トライアングルの色々な場所をたたいて，小さな音，光っているような音を探すという体験を必要とするかもしれない。しかし，イメージをふくらます経験なしに，星のイメージとはかけ離れた楽器をたくさん使ってガチャガチャ合奏させたり，高度な技術を必要とする演奏を指導したのでは，子どもたちの心の中には豊かな感性や表現は育たないだろう。幼児期は，身体を中心とした表現が基本となる時期なので，素朴であっても音を鳴らしながら身体を動かすことができる簡単なものであることが望ましい。

　既成の歌を教え，うたうことなど，文化としての音楽を伝承していくことも大切なことであるし，大人の役割である。自由にのびのびと身体を動かし，みんなで声を合わせることの楽しさが味わえる環境をつくること，そして子どもに負担のかからない教材を慎重に選ぶことが求められる。わらべうたのような，簡単で歌いやすく，しかも身体の動きと歌が一体となった遊びの価値も見直していきたいものである。

　「幼稚園教育要領」では，「環境を通して行う」保育が基本とされ，人的・物的環境の重要性が示されている。「環境」を整えるということは，黒川健一（1989）によれば，「けっして，いつも子どもたちを感動させたり，驚かせたりするような環境つくりを工夫しなければならない，ということではありません。いつも目新しい環境に作り変えなければいけない，ということではありません。いちばん大切なのは，環境の新しさではなく，環境に向ける目の新しさです。環境そのものの豊かさというよりは目の新しさです。」ということである。つまり，保育者が斬新な教材を整えることが重要なのではない。今ある環境や，子どものあるがままの姿をとらえることが大切なのである。しかし，それは放任するということではない。子どもが遊びの中で何かの音に気づいているのなら，その興味を高めていけるように配慮する必要がある。ただ，それが大人の側の音楽的能力を高めるという意図を押しつけるのではなく，人間としての表現そのものの基礎を養うということを考えなければならない。

Ⅲ.「保育所保育指針」の中での「表現」に関する事項

　保育所における保育のガイドラインとして，初めて「保育所保育指針」が出されたのは昭和40(1965)年である。保育所の役割のうち，教育機能に関しては，幼稚園教育に準ずるものであるとの考えから，4歳児以上の保育に関しては，「幼稚園教育要領」と同様の6領域が示された。
　その後，平成2(1990)年に「保育所保育指針」が改訂され，平成11(1999)年10月には，再び改訂公表された。
　この新しい「保育所保育指針」は，急激な時代の変化と社会の要請に応える形で主に7点が加筆された。
　(1)　平成9年の児童福祉法改正に伴い，保育に支障がない限り，乳幼児の保育に関する相談に応じたり，地域の子育て支援の役割を担うこと。
　(2)　子どもたちの最善の利益を保障するため，体罰の禁止，及びプライバシーの確保を図ることが示された。
　(3)　旧保育指針で「年齢区分」とされていたものを，「発達区分」に改め，一人ひとりの個性に応じた援助の必要性を強調した。
　(4)　乳児の入所が増加したことから，「6か月未満児の保育の内容」の充実が図られた。
　(5)　3歳児以上の保育内容について，「幼稚園教育要領」と同様に，生きる力を育てる保育のあり方を意識した内容が加わった。
　(6)　より一層の保護者との連携の必要性が強調された。
　(7)　新たに第13章が設けられ，保育所における子育て支援のあり方として，一時保育，延長保育，障害児保育などを行う際の配慮事項や，職員の研修についての事項が明記された。

　保育所の保育内容に関しては，平成2年の改訂時より，3歳以上児は「幼稚園教育要領」と同様に5領域が示されている。そのため，領域「表現」についても，3歳児以上については，幼稚園と同様の配慮がされるものと考え，ここでは3歳未満児についての保育内容をみていきたい。
　新しい「保育所保育指針」では，月齢，年齢ごとに「発達の主な特徴」「保育士の姿勢と関わりの視点」「ねらい」「内容」「配慮事項」が示されている。各時期における，「ねらい」の中には，感性や表現の育ちに特にかかわりのあるものがいくつか含まれているので抜粋する。

　〈6か月未満児〉
　(6)　笑ったり，泣いたりする子どもの状態にやさしく応え，発声に応答しながら喃語を育む。

(7) 安心できる人的,物的環境のもとで,聞く,見る,触れるなどの感覚の働きが豊かになるようにする。

　乳児は,生後1,2か月ごろから喃語を話し始めるが,これに対する,保育者の温かい受け答えが重要である。声を出すことは,内面を表に出す手立ての一つであり,これに対する大人の受け止めがあるからこそ,声で表そうとする気持ちが育まれ,大人との信頼関係も築かれていく。喃語について,細田淳子（2000）は「ことばの出発点であり,また歌の出発点ともいうことができる。なぜならば,ことばも歌も共に音声による表現だからである。」と述べている。ゆったりとした雰囲気の中で,保育者のうたう歌声や,穏やかな語りかけは,乳児にとって,声を出すことや,歌をうたうこと,聴くことの楽しさを知る大切な原点となるのである。

〈6か月から1歳3か月未満児〉

(6) 優しく語りかけたり,発声や喃語に応答したりして,発語の意欲を育てる。

(7) 聞く,見る,触るなどの経験を通して,感覚や手や指の機能を働かそうとする。

(8) 絵本や玩具,身近な生活用具が用意された中で,身の回りのものに対する興味や好奇心が芽生える。

　この時期には急速な発育がみられ,一人ですわったり,はったり,さらにはつかまり立ちや歩行ができるようになるなど,活発な動きがみられるようになる。自ら動くことで生活空間が広がり,身の回りの物に触れたり,つかんだり,なめたり,口に入れたりするなどして,自分をとりまく事物への理解を深めていく。遊びを通して,物や,人や動植物に自分からかかわり,さまざまな感覚を育てていく時期なので,安全面に気をつけ,興味,関心を引き出せるようなおもちゃや絵本を用意するのとともに,その質に対する配慮も心がけたい。また,保育者の歌う子守り歌や,それに合わせた背中を優しくたたいてくれる響きを感じたり,歌を聞きながら身体を動かすなど,大人との一対一でのやりとりを大切に,リズムの心地よさを味わわせたいものである。

〈1歳3か月から2歳未満児〉

(6) 安全で活動しやすい環境の中で,自由に体を動かすことを楽しむ。

(8) 身の回りの様々なものを自由にいじって遊び,外界に対する好奇心や関心を持つ。

(10) 絵本,玩具などに興味を持って,それらを使った遊びを楽しむ。

(11) 身近な音楽に親しみ,それにあわせた体の動きを楽しむ。

　自由に歩くことができるようになると,いっそう世界が広がり,さまざまな事物や人と出会って,刺激を多く受けるようになる。自分より小さな乳児の頭をな

でてかわいがるなど，大人の姿をまねて多くのことを吸収しているほほえましい姿がみられる。また，ウサギやイヌなどの動物になりきるなど，模倣を楽しんだり，リズミカルな音楽に合わせて声を出したり，飛び跳ねたりするなどの姿もみられるようになる。全身を使って音楽を聞いて動くことを楽しめるような体験を多く取り入れたい。また，たたく，つまむなどの指先を使った動きもできるようになる時期なので，太鼓や，振って音が出る楽器などとの出会いの場も用意したいものである。また，絵本を一緒に読んだり，簡単な手あそびを一緒にうたうなど，繰り返しのリズムを楽しめる体験も必要である。

〈2歳児〉

(9) 保育士と一緒に全身や手や指を使う遊びを楽しむ。

(10) 保育士と一緒に人や動物などの模倣をしたり，経験したことを思い浮かべたりして，ごっこ遊びを楽しむ。

(11) 興味のあることや経験したことなどを生活や遊びの中で，保育士とともに好きなように表現する。

お気に入りの歌を口ずさんだり，リズミカルなことばを唱えながら遊ぶなど，自分の楽しい気分を歌で表現する姿がみられるようになる。また，ことばの獲得が進み，話しことばや，歌詞の意味がわかってくるため，かたつむりが葉っぱに止まっているのを見かけると，両手で角を作りながら「かたつむり」の歌をうたうなど自分のイメージに沿った表現が楽しめるようになる時期である。「保育所保育指針」では，この2歳児の「ねらい」で初めて「表現する」という文言が登場する。これまでのような，自分の思いを表情や身体で無意識的に表すことが多かった時期から成長し，自らの意志で意図的に表そうとする片鱗がみられるようになる。経験したこと，興味のあることを保育者に見守られながら，思い思いに表現する楽しさを味わえるようにしていきたい。

以上，感性と表現に特にかかわる「ねらい」について概観してきたが，3歳未満児期では，ゆったりとした雰囲気の中での保育者との温かい信頼関係が重要であることは言うまでもない。子どもの表現と大人のかかわり，やりとりは切り離して考えることはできない。表現の育ちの出発点というべき，いわば人間の基礎の時期であることを考え，自分の気持ちを表に出す喜び，安心感，楽しさを体感できる保育を実践していきたいものである。

IV．領域「表現」の保育計画

「幼稚園教育要領」の「第1章　総則」を見ると，幼児教育は，「幼児期の特性を踏まえ，環境を通して行うものであることを基本とし，遊びを通しての総合的

指導を中心としてねらいを達成すること，そして，幼児一人一人の特性に応じ，発達の課題に即した指導を行うこと」と示されている。また，「領域」については，対象が幼児ということで各領域を個別のものとして扱わず「ねらい」を示すことによって，内容を示唆している。

　幼児の発達は，さまざまな側面が絡み合って相互に影響しあいながら促される。したがって，いつでも，どんな活動をとらえる時にも5領域は必要であるが，一つの領域に固定される活動というものはない。幼児の遊びは，幼児の感性と表現によって支えられていると同時に，丈夫な身体によって，友だちによって，安全な場所によって，楽しいことばのやりとりによってささえられているのである。すなわち，「領域」を意識した指導はあっても「領域」だけを取り出していくものではない。

　では，これから，どのように幼児教育を理解し，また，どのように領域「表現」と結びつけていくのかについて，保育計画を通して考えてみることとする。

（1）保育計画とは

　幼稚園には，入園し修了するまでの間に身につける経験の総体と各園の教育理念，目標に向かい子どもたちが充実した生活が送れるように道筋をたてた「教育課程」があり，保育所には，子ども，家庭，保護者の状況や意向，地域の実態を考慮し，各保育所に合った保育の全体の計画と言える「保育計画」がある。この考えの基となるものが，幼稚園では「幼稚園教育要領」，保育所では「保育所保育指針」に示されている。そして，保育計画は，これらのことをより具体的にした計画である。

　保育計画は，保育カリキュラムといわれ，長期的な保育計画と短期的な保育計画の2種類がある。

　長期の保育計画というのは「年間計画」であったり，いくつかの期に分けた1年間の保育計画であったり，「月案」であったりするものである。短期の保育計画というのは，具体的には，「週案」「日案」のことである。長期の保育計画は，長期の集団生活の発展，その道筋という，集団生活をマクロに見るということであり，とても大事なことである。それとともに，短期の保育計画では，集団生活をミクロにとらえてみるという考えである。短期の保育計画である日案は，日課（デイリー・プログラム）と切り離すことはできず，一日の健康な生活リズムに従って計画されるものである。同時に，週案とも密接なかかわりをもっているものである。

　　1）年間計画　　保育計画の基本的な姿勢を園長，保育者間で確認した後，各クラスの幼児の1年間の計画を立案する。この時，子どもの生活や育ちの姿の実態を把握し，季節・地域性・行事などを踏まえながら，ふさわしい区切りとして「期」を設定する。この「期」での子どもの特徴的な姿を基に，ねらいや内容

を示し，そのことが実践されるように具体的に環境や指導・援助などを示すのである。

　2）月　案　　日々の保育の積み重ねから，保育のねらいと内容が，子どもとずれていないかを検討し，修正を行う。そして，1か月の見通しを立て，具体的な環境構成や指導・援助における留意点を考慮して立案するのである。

　3）週　案　　子どもの生活は，日々積み重ねられ変化する。そこで，子ども一人ひとりの姿をとらえた上で，先週の保育を踏まえて，今週の保育のねらい（課題）をはっきりさせて，日々の保育の主な活動を予想し，月案よりもより具体的に立案するのが週案である。ここでの予想は，子どもたちの生活に即した実現可能な現実的な予想である。

　4）日　案　　日案は，長期的見通しをもった保育の計画の中で，最も具体的なねらいや内容を立案するものである。そこでは，週案に従い，日課に即して1日の時間の経過を追って，その日，子どもたちが生活するための教材の準備や環境づくりなどが図られる。以下に，日案作成の際のポイントを示す。

　⑴　ねらいを実現するための活動が具体的に考えられているか。
　⑵　音楽的要素をとらえた教材研究がされているか。
　⑶　保育教材が準備されているか。
　⑷　一人ひとりの子どもが伸びようとする方向とずれてはいないだろうか。
　⑸　子どもに秘められている願いや伸びようとする想いに応えられるものであるか。
　⑹　継続的にとらえる保育になっているだろうか。

　以上のように，長期的見通しと日々の活動の積み重ねによって保育が行われるのであり，日々の子どもの生活や姿，今週のねらいと内容を確認しながら日案を立案していくのである。ここで大切なのは，子どもたちの主活動がどのように展開していくかということである。特に，先週から今週にかけて，子どもたちの活動がどのように発展していくのか，また，発展を促す指導をどのようにしていったらよいかを見通すことが大切である。

　56頁から60頁に表1〜5として，年間計画，月案，週案，日案の例を示したが，これらの形式には，決まったものがない。幼稚園や保育所の建学の精神や，子どもや保育者の実態，地域性などによって，それぞれ工夫されて作られるものである。共通して言えることは，子どもの生活を第一にとらえ，子どもにとって最善の利益（興味，関心）となるように考えて計画されることが必要である。

　次に，ある保育日誌の中から，具体的に子どもたちの生活場面を提示してみる。記述された事例だけでは，子どもたちのありのままの姿を見ることはできないが，こうした活動がどのように発展していくかが幼児の指導においてはたいへ

ん重要であるので,この場面をイメージしながら,保育の「ねらい」についてさまざまな角度から検討してみてほしい。

〈ある幼稚園の保育日誌の中から——6月第2週,5歳児,25人〉

6月6日：4月,5月,6月と,園のまわりを散歩してきた。5月末ごろから,草むらに大きなおなかをした雌カエルや雄カエルを見るようになった。6月になり,田んぼに水が入ると,ますますたくさんのカエルが子どもたちの目に触れるようになった。初めて見る子,初めて触る子,怖がる子,捕まえたいがなかなか捕えられない子,手にしっかりと握ってしまい,カエルをつぶしてしまう子など,さまざまな方法でカエルに触れ親しんだ。そこで,数十匹捕まえて帰ることにした。子どもたちと捕まえてきたカエルを,バケツに入れて保育室の暗がりに置いておくと,お弁当の時間にカエルが鳴きだした。あまりにも大きい鳴き声だったので,子どもたちは驚き,その後,歓声をあげ,思い思いに鳴き声のまねをしだした。子どもが帰った夕方,保育室はカエルの鳴き声でにぎやかになったため,保育者は,カエルの鳴き声を録音し,次の日,子どもたちに聞かせることにした。

6月7日：子どもたちは,カエルの鳴き声に耳を澄ませて聞き,「グァグァ」「ゲロゲロ」「ケロケロ」「ケッケッケッケッケ」「カッカッカッ」など部屋中それぞれのリズムと音程で合唱が始まった。カエルのまねをして,四つんばいになり跳ねだす子どもも出てきた。そこで保育者は,子どもたちのカエルの合唱に合わせて「かえるのうた」（岡本敏明作詞／ドイツ曲）をピアノで弾いてみた,何度も聞いている曲であるため,歌の音程に合わせて,それぞれの鳴き方で歌いだした。また,歌などはおかまいなしに,ゲロゲロといってはジャンプする子どももいる。「ゲロゲロ」「ケロケロ」と友だちと話したり,カエルになって遊びだした。カエルの声を聞いたときの子どもたちの感動を大切にした保育者による援助が,このような活動の展開に発展していったと考えられる。

保育は,子どものありのままの姿を感受し,記録と考察の中から,保育計画を立て,保育実践を行い,また,その中から子どもの姿をとらえ,保育者と子どものズレや子どもの育ちなど具体的な考察を深め,立案し保育をするのである。このように,子どもから始まって,その姿を考えながら保育計画を立て,実践をすることが保育の特徴である。そして,子どもの遊び・生活・行事などすべて日々の子どもの活動の積み重ねの上に成り立っていることを忘れてはならないであろう。

現在の保育には,子どもの表現の世界に大人の芸術の尺度が取り込まれたことで,他人に見せるための表現,あるいは出来映えのよい表現を求める傾向が強ま

っている。すなわち,「できた」とか「できなかった」という結果の偏重である。このような技術・技能の偏重の結果主義ではなく,子どもの実態に応じながらも,この時期,その子どもにとってどんな育ちを期待するか（ねらい）,そのために必要な経験は何か（内容）を検証しなければならない。子どもにとっては,表現したくなる気持ちや環境が大切であり,結果として表現されて残されたものよりもその表現に至る過程が重要なのである。

また,「子どもが楽しそうにできた」からといって,活動を終了させてよいものであろうか。ましてや,保育者の思いや考え方だけで保育を進めるものでもない。乳幼児期の一人ひとりの育ちをしっかりとらえた保育をするためにも,これらの保育計画が大切になるのである。

（2）保育者の働きかけとは

日案では,子どもたちの主活動がどのように展開していくかということが大切であると述べた。これは,保育者が勝手に頭の中に描いて指導できるものではなく,あくまでも子どもたちの現実の生活に密着していることが重要である。したがって,日案に次のようなことばがあったら,もう一度子どもの遊びを観察し,一人ひとりの興味や関心に注意を払って,子どもたちみんなの関心を高められるような保育活動が計画されているかを検討してほしい。そして,もっと具体的な表現に変えて考えてみよう。

①「楽しくうたう」……「楽しく」をどのようにとらえてうたうのか。また,楽しくとは,どういうことなのか。

②「思いを込めてうたう」……どんなことをどのように込めて,どのようにうたうのか。

③「歌を知りうたう」……どのように知りうたうのか。子どもの具体的な活動は何なのか。

④「歌をうたい友だちと仲よくなる」……子どもはなぜ歌をうたうのかという意味を考えることが大切である。歌が十分に活用されているか。

ここで大切なのは,保育者自身の音楽的価値観が存在していることである。それは,ただ,「楽しく」「気持ちよく」「元気に」ではない。音楽的要素をとらえ,どのように楽しむのか,どこが気持ちのよいところなのか,元気にうたわせようと思うのはどうしてなのかを具体的に音符や歌詞,メロディー,そして,作者の思いも研究し,理解し,感じたりした上で子どもたちに与えることが大切である。ただ,作品を子どもに提供し,覚えて楽しそうにうたっているからこれで終わりではないのである。そして,この保育者の価値観をもった保育は,画一的保育になるということではない。保育者は,子どもたちの受け止め方,想像,表現などの姿を敏感に受容し,子どもと一緒に感じ,創造していくのである。したがってこれは,音楽的価値観の押しつけではない。

たとえば，「歌を覚えたから，あるいは楽しそうにうたったからこの歌はおしまい」「太鼓を破れんばかりにたたいているが，楽しく活動しているのであればよい」「乳幼児期の音楽指導は，歌い方，楽器の扱いを教えることではない」などという考え方をしている保育者がいる。このように指導することは，子どもの発達に即した表現活動をかえって阻害するのではないだろうか。太鼓を破れんばかりにたたき楽しんでいる子どもに対しては，子どもの思いに添いながら，曲のリズムや全体の感じをとらえて，子どもと一緒によりよい音楽を創っていくことが大切なのである。太鼓1拍目を強くたたいたら，次の拍を小さくたたくとか，太鼓は二拍から休み，他の楽器の音を入れて合わせてみようかなどと，子どもとともに工夫することが「楽しく」ということの解釈であろう。

　ここで重要な保育者の指導は，子どもが楽しそうに活動していれば何をやってもよいと，黙って放任していることではない。そうならないためにも，保育者の音楽に対する感受性や知識，技術の準備がここで必要となるのである。そして，保育者は，子どもとの思いのずれを常に敏感に謙虚に受容し，子どもとともに音楽的表現をつくっていくことが大切である。

（3）子どもの姿をとらえることの大切さ

　保育計画で最も忘れてはならないのが，子どもの姿である。長期であろうと短期であろうと，子どもの姿をとらえたものでなければ保育案は成立しないのである。そこで，日々の一人ひとりの子どもの様子をとらえることが重要となる。

　目の前の子どもをただ見る（see）のではない。心を働かせながら視る（look）のである。子どもの声をただ聞く（hear）のではない。ことばにならない声までも聴く（listen）のである。子どもの行動やその心の動きを探るのである。保育の状況を思い起こしながら，保育者自身のかかわり方や感じ方も振り返るのである。そうして，常に保育者は，新鮮な目で子どもを発見することができる。たとえば，子どもは，どんなことがおもしろいのか，どんな考え方や見方をするのか，どんなことに夢中になるのか，などを観察する。そしてそれは，どのような状況の中で起こったことなのか，なぜ子どもはそのような行動をとったのか，それからどう発展したのか，などの積み重ねから，次への期待と予測になり，保育計画につながっていくのである。

　また，子どもの様子をしっかりとらえる保育者の姿勢には，次のようなことが求められる。

(1)　一人ひとりの子どもが伸びようとする方向性をとらえる。
(2)　子どもに秘められている願いや伸びようとする力をとらえる（興味，関心も含む）。
(3)　生活の姿の全体的変化を継続的にとらえる。
(4)　保育者との関係，子ども同士の関係，事物との関係などのかかわりをきめ

細かくとらえる。

では、領域「表現」に関した保育計画を立てるとき、どのように保育をとらえ設定すればよいだろうか。そこで、まず、「幼稚園教育要領」の領域「表現」とはどういうことなのかを確認し（詳しくは本章Ⅱ節参照），その上で、他の領域との関係についても考えてみたい。

（4）領域「表現」と他領域とのかかわり

表現とは、感じたことや考えたことなどに対する自分の内なるイメージを、自分なりに何らかの形で外に具体化し表出することである。領域「表現」は、これらの経験から、豊かな感性や自己表現する喜びを知り、勇気と自信をもった創造性豊かな子どもをめざしている。すなわち、表現する主体の内面を豊かに育てていくことを前提として考えているのである。これは、幼児に「豊かな感性を育てる」ことの大切さの主張となっている。そのために、自然などの身近な環境と十分にかかわる中で、美なるもの、優なるもの、心を動かす出来事などに出会うようにすることは言うまでもない。また、表現活動の意義でもある互いの心を伝え合いたいと願う心を育てるために、子どもたちの人間関係を居心地のよいものにし、大人に対しても心を開き、何でも話せる信頼関係をつくりことが土台となる。この点からも、領域「表現」は、他の領域と密接な関係があり、環境の中で遊びを通して総合的に考えていかなければならないのである。

1）領域「健康」と「表現」 領域「健康」では、心と体には密接な関連があると考えている。保育者や子ども同士の暖かいふれあいや信頼感が根底にないと、存在感や充実感を味わえず、心も体も安定できない。伸び伸びと体を動かす楽しみを味わうためには、こうしたことが重要である。そして、伸び伸びと体を動かす楽しみを味わうことから、安全に気をつけて行動したり健康に気を配る力を養うのである。健康な心身は、自ら興味や関心をもってイメージをふくらませることができ、おのずと身体も動くことになるのである。このことは、子どもの運動あそびの中に「音」を取り込んだとき、子ども自ら内的イメージをふくらませ、自分なりに表現する姿なのである。また、安心できる人間関係は、表現のできる基盤となるのである。

2）領域「人間関係」と「表現」 領域「人間関係」では、自立心を育て、人とかかわる力を養うとしている。この「かかわる」ことには、共感しあう心、気づく心や心を読む力、そして、その意志を伝え合う力が大切となる。かかわりから、「おもしろそうだ」とか、「欲しいな」とか、「自分もやってみたいな」などと想像し、表し行動する。言い換えれば、表現は、人と共にしたい、伝えたいという想いと関係しているのである。

3）領域「環境」と「表現」 領域「環境」では、環境に好奇心や探究心をもってかかわり、生活に取り入れていく力を養うとしている。これは、見る、聞

く，触る，といった五感や，さまざまな生活経験から，子どもが自ら心を揺さぶられ，感動したときに行動となり遊び（生活）に取り入れられるのである。このことは，子どもが自ら受け入れたことを，自分なりに表現することに発展していくのである。

　4）　領域「言葉」と「表現」　　領域「言葉」では，経験や考えを自分なりのことばで表現し，相手のことばを聞き，ことばに対する感覚や表現力を養うとしている。これは，自分の内面の実感をことばとして伝えられる力であり，そのためには，信頼に満ちた人間関係と，充実した豊かな生活が大切である。このことは，まさに表現の意味と重なっている。

　以上，保育計画から領域「表現」を考えてみて明確になったように，保育者は子どもとの信頼関係を基に，音楽的要素を広義にとらえて教材を作り出していくことが大切である。

引用・参考文献

阿部明子・竹林実紀子『感性と表現に関する領域　表現』東京書籍　2000.
石井哲夫・待井和江編『改訂　保育所保育指針全文の読み方』全国社会福祉協議会　1999.
大畑祥子編著『保育内容　音楽表現（第2版）』建帛社　1999.
大場牧夫『表現原論　幼児の「あらわし」と領域「表現」』萌文書林　1996.
大場牧夫・高杉自子・森上史朗編著『幼稚園教育要領解説』フレーベル館　1989.
奥田真丈・河野重男・幸田三郎『新幼稚園教育要領の解説と展開』教育出版　1989.
小田豊『幼稚園教育の基本』小学館　1999.
小田豊・神長美津子編著『新幼稚園教育要領の解説』第一法規　1999.
音楽教育研究協会編『幼児教育・保育者養成のための幼児の音楽教育－音楽的表現の指導
　　－』音楽教育研究協会　2001.
厚生省児童家庭局編　『保育所保育指針』日本保育協会　1999.
玉井美知子監修『子どもから学ぶ保育活動「表現」』学事出版　2001.
森上史朗ほか『幼稚園教育要領解説』フレーベル館　1999.
森上史朗・阿部明子編著『幼児教育課程・保育計画総論　第2版』建帛社　1999.
文部省・厚生省児童家庭局『幼稚園教育要領・保育所保育指針（原本）』チャイルド本社
　　1999.

表1　年間計画例（5歳児）　　　　　　　　　　　　　　　A幼稚園

月	ね ら い	内容（幼児の活動）
4	・元気に登園する ・年長児として，自覚をもち，自分でできることは自分でしようとする ・集団生活のきまりを守り，楽しい園生活ができる ・身近な自然現象に興味をもつ	・所持品の管理をする ・新入園児の世話をする ・戸外遊びをする（固定遊具，砂遊び） ・一人一鉢運動をする（マリーゴールド）
5	・新しい友だち関係を広げ，誰とでも元気に遊ぶ ・春の自然に親しみ，動植物に興味をもつ ・遠足を通して，公衆道徳を身につける ・親の仕事を理解し，感謝の気持ちをもつ	・戸外遊びをする（固定遊具，砂遊び，鬼ごっこ等） ・散歩によって自然を肌で感じ取る（オタマジャクシ，野草取り等） ・お母さんの仕事について話し合う（お母さんごっこ等） ・田植えをする ・喜んで遠足に参加する ・体力測定をする
6	・友だちと一緒に遊びや仕事を進める楽しさを知る ・梅雨時の遊び方について，衛生的かつ健康的なことを考え遊ぶ ・見たこと，聞いたこと，考えたことをみんなに理解できるように説明ができる ・親の仕事を理解し，感謝の気持ちをもつ ・自然や動物に親しむ	・室内遊びをする ・お天気調べをする ・カタツムリ等を観察する ・壁面飾り，表現遊びをする ・伝言遊びをする ・ジャガイモ掘りをする
7	・身近な自然に興味をもつ ・考えたり，みんなで確かめ合って遊びを発展させる ・七夕の話を聞き，興味を示し，飾りの創作をする ・したいこと，してほしいことをことばで表現でき，疑問点を質問したりできる ・夏休みの遊びについて，話し合い，危険な遊び（水遊び，交通事故等）について注意する態度を養う ・夕涼み会に参加する ・お泊まり会に参加する	・一人一鉢運動をする（ペチュニア） ・プール遊びをする ・プール遊びの約束について話し合う ・七夕飾りを作る ・夏休みの話し合いをする ・七夕のペープサートを見る ・盆踊り，スイカ割りをする ・お泊まり会に喜んで参加する
8	・夏期保育に参加する ・夏の風物に親しむ	・プール遊び，水遊びをする ・夏の風物を知る（花火，スイカ割り等）
9	・夏休みの思い出を話し合うと共に，聞く態度，話力等を養う ・スポーツフェスティバルに必要な道具や飾りを制作し，楽しく参加する ・集団の中の自分の役割を把握し，友だちと協力する楽しさを知る	・夏休みの思い出を話す ・敬老の日について話し合う ・体育遊びをする（リレー，組体操等） ・リズム遊びをする
10	・きまりを作り，協力して，遊びを発展させる ・スポーツフェスティバルに進んで参加し，最後までがんばると共に集団生活の楽しさを知る ・身近な自然現象に興味をもち，観察したことについて話し合う ・戸外で力一杯体を動かし，自分からきまりを守り，安全に気をつけ，運動会や遊びを発展させる	・体育遊びをする ・リズム遊びをする ・自然に興味，関心をもつ（イナゴとり等） ・稲刈りをする ・一人一鉢運動をする ・写生会をする
11	・冬季の自然の変化や，生活環境の変化について話し合う ・働く人への感謝の気持ちをもつ ・文字に対し興味，関心をもち，自分の名まえを読んだり書いたりする	・働く人々を見たり，聞いたり，話し合う
12	・自分のイメージや動き，ことばなど表現し，演じる楽しさを知る ・お互いの考えを出し合い，確かめ合いながら，自ら進んで仕事や遊びを発展させる ・年末の社会の動きを感じ取る ・おゆうぎ会に喜んで参加する	・戸外遊びをする ・歌，合奏，言語劇をする ・クリスマスの話を聞く ・餅つき大会に参加する ・おゆうぎ会に喜んで参加する
1	・お正月遊びを再現し，友だちと協力し，遊びを発展させる ・グループ活動で，自分の役割を把握し，積極的に行動する	・お正月遊びをする ・戸外遊びをする（ボール遊び，相撲等）

第3章 領域「表現」と音楽教育

表2 月案例（3歳児）

B幼稚園

月日						3歳児	
11月	今月の目標	・芋掘りに興味をもち、喜んで参加する ・興味、関心のある遊びに積極的に取り組む ・手洗い、うがいをまめに行い健康に過ごせるようにする				5領域	
月案		おもな活動（行事）	週のねらいと留意点	留意点			
日	曜						
1	金	入園願書受付 折り紙製作	・健康管理に関心をもち、自分でできることをする（うがい、手洗いを今まで以上にしっかり行ったり、気温に応じて衣服の調整をしたり、健康に過ごせる生活の仕方を伝える）	・気温に応じて、衣服の調節ができるように援助する	健	・うがい、手洗い、汗の始末をしっかりと行う	
2	土	戸外あそび		・うがい、手洗いをしっかりと行い、習慣づけられるように声をかける		・活動や気温に応じて、衣服の調節を行う	
3	日	文化の日		・活動をし、汗をかいたらしっかり汗の始末もできるように声をかける	康		
4	月	振替休日		・園外に出る時の約束事を一緒に考えながら、確認をし、伝えていく		・誕生会に参加し、誕生児を心からお祝いする	
5	火	折り紙仕上げ	・芋掘りを通して、土の感触を味わいながら、サツマイモその収穫を楽しむ（保育者と一緒に楽しみながらイモの収穫を行い、収穫の喜びを伝える）	・汚れを気にしたり、虫を嫌がる子には、保育者が声をかけながら一緒に楽しく参加できるようにする	人間関係	・自分が思ったことをしっかりと友人とよく遊ぶ	
6	水	芋掘り遠足					
7	木					・季節の移り変わりに気づき、自然物に触れ、集めていき、満足感を得る	
8	金	芋掘り思い出画	・保育者のまねをしながら、遊戯や劇の練習をする（発表会に興味があることを伝え、子どもたちが興味をもち取り組めるように、保育者自身が楽しく元気よく練習し、子どもたちの体が自然と音楽に合わせて踊れるようにする）	・遊戯や劇の曲をたくさん聞かせて、興味・親しみがもてるようにする	環		
9	土	第二土曜日のため休園			境		
10	日			・楽しく体全体で表現し、上手にできた所はしっかりとほめて自信がもてるようにする			
11	月	色ぬりあそび・遊戯練習				・自分の思いことをはっきりと伝える	
12	火			・誕生会の参加の仕方、約束事を今一度確認し、誕生児を心からお祝いできるように伝える	言	・誰にでも、自然とあいさつをする	
13	水	誕生会			葉		
14	木		・秋の深まりを感じ、自然の変化に興味をもってかかわろうとする（園庭や周囲の木々や草花、生き物など、自然の様子が変わってきているように、遊びに取り入れたりする。季節の移り変わりや草々の美しさなどに気づけるようにする）	・戸外で見つけた木々や草花は子どもたちにとってとても大切な物になるので、保育者は大切に扱うようにする			
15	金					・折り紙製作	
16	土			・葉っぱや木、木の実など食べ物を使いながら、ケーキや食べ物を作りながら、戸外での遊びを今以上に広げられるようにする		・色ぬりあそび ・遊戯、劇	
17	日				表	・歌「たきび」「やいもグーチーパー」「おしきなポケット」	
18	月	新入園児面接					
19	火		・遊戯、劇の練習に取り組むことを楽しむ（保育者、友だちと一緒に協力をして作り上げていくことを伝え、子どもたちが意欲的に練習に参加できるようにする）	・発表会に向けて気持ちが盛り上がるように声をかけ、楽しい雰囲気の中で練習できるようにする	現		
20	水						
21	木			・体を大きく使い表現できるように、子どもたちが満足感を味わえるようにする			
22	金						
23	土	勤労感謝の日					
24	日						
25	月						
26	火						
27	水						
28	木						
29	金						
30	土						

表3　週案例（4歳児、5月4週）

C保育園

					家庭・地域との連携
週目標		友だちと誘い合って好きな遊びを一緒に楽しむ			・フリーマーケットの商品募集の手紙を配布し、出品の申し込みを受け付ける（26日） ・絵本（ワンダーブック5月号）を持ち帰る ・歯ブラシについての手紙配布
子どもの姿		・友だちの話を聞いたり、自分の思いを言ったりして、友だちと一緒に同じ遊びをする姿が見られる。また、家族や保育園で手紙（絵）を書いて友だちにあげたり、もらったりする子も増えている ・泥だんごを作る子が増え、もっと大きなだんごを作ろうとしたり、何回もかけて硬く固める子もいる			評価・反省
	環境構成	予想される子どもの活動	保育の援助と配慮		
生活	避難訓練 紙芝居 誕生会に参加する ペンダント プレゼント 誕生カード	・地震の時の避難の仕方を話し合ったり、紙芝居を見たりする ・みんなで5月生まれの誕生児を祝い、歌をうたったり、「お楽しみ」を見たりする	・地震や火災の恐ろしさを知らせる ・避難する時の約束（お、は、し、も）を確認する ・誕生児の嬉しい気持ちを受け止め、成長を喜び合う ・温かい拍手で誕生児を迎え、楽しい雰囲気が盛り上がるように働きかけていく	〈生活〉	・避難訓練……おおまかすする。「じしんなんかにまけないぞ」の紙芝居を見て、避難時に気をつけることを、子どもたちと話し合う。地震の場合と火事の場合の避難の仕方をそれぞれ確認する。特に、地震については家庭でも関心が高まっており、テレビのニュースや家庭で耳にすることが多く、子どもたちも関心をもって聞いている様子であった
あそび	体操教室 マット とび箱 屋上での遊び 平均台 フラフープ ジャンピング バルーン カホン　など 戸外遊び 泥だんご 大型遊具 ボール　など 選択遊び 折り紙 ままごと 粘土	・マットのまわりを走ったり、トンネルくぐりをする ・マットで前回りをしたり、とび箱の上を乗り越えたりする ・屋上で開放感を味わいながら、楽しく遊ぶ ・泥だんごを作る ・大型スコップを使って山を作ったり、穴を掘ったりする ・気の合う友だちと一緒に同じ遊びを楽しむ	・体を動かす楽しさや味わえるように配慮する ・安全に十分気を配り、マット遊びやとび箱を乗り越える時には補助をする ・屋上で開放感を味わいながら、楽しく遊べるように、工夫して、遊具を用意したり、環境を整えたりする ・泥だんご作りを通して、工夫したり、根気よく頑張っている姿を認め、遊びが発展するように見守る ・大型スコップは、まわりにいる子に気を配り、安全に配慮する ・友だちと誘い合って好きな遊びが楽しめるように、机や遊びのコーナーを作ったりする		・誕生会に参加する……きょう、もも、すみれ、べんとうの4人が誕生児で、年齢を言ってもらう時も、おおきなこえではっきりと名前を言うことができました。理事長先生にペンダントをかけてもらう時も、「ありがとうございます」とはっきりと言えたのはさすが月組と大変嬉しく思った。成長がうかがえ、子どもたちに「お楽しみ」で「世界中の子どもたちが」と、月組一緒にうたい、楽しく参加することができた 〈遊び〉 ・体操教室……マットでの前転はみんなスムーズにできるが、マットを数人、中には数人、手をつく位置が離れすぎている子がいる
課題		・色ぬりをしたトトロの絵をはさみで切る はさみが苦手な子もいるので、線の上が切れない子もいる			
行事	28日（水）避難訓練 30日（金）5月生まれの子の誕生会 31日（土）雪、赤組保育参観および試食会				

	26日（月）	27日（火）	28日（水）	29日（木）	30日（金）	31日（土）
活動の記録	＊自由遊び ・集まりをする ・歌「いちごケーキ」 ・体操教室 ・休息 ・選択遊び	＊時計づくり ・トトロの絵を切る ・戸外遊び ・休息 ・選択遊び	＊屋上で遊ぶ ・休息 ・選択遊び	＊体操をする ・紙芝居を見る 「じしんなんかにまけないぞ」 ・月組の「お楽しみ」を見る ・戸外遊び ・休息 ・選択遊び	＊誕生会に参加する ・休息 ・選択遊び	・選択遊び

第3章　領域「表現」と音楽教育　59

表4　週案例（2歳児、5月4週）

C保育園

週の目標	他児や保育者とかかわりながらさまざまな遊びを楽しむ
子どもの姿	・散歩へ行ったり、戸外で遊ぶことを喜ぶ ・保育者や他児とかかわりながら、一緒に遊んだり、うたったりする姿が見られる
家庭との連携・地域	・フリーマーケットについての手紙を配布する ・保育参観日の出欠席の確認と共に登園時間を知らせる

	環境構成	予想される子どもの活動	保育者の援助と配慮	評価・反省
生活	・排泄 トイレットペーパー 消毒 タオル ・食事 石けん タオル 消毒 ・衣服の着脱 着替え	・尿意、便意を知らせ、自分でトイレへ行こうとする子もいる ・うまくズボンの着脱が行えない子もいる ・隣や近くの席の子の会話ややりとりを行いながら食事を楽しむ ・反対や裏返しになってしまうこともあるが、自分で着脱を行おうとする	・自分で行おうとする姿を褒め、認め、自信へとつなげていく ・着脱がしにくい服ははきやすい服に着替えたり、やりやすいよう援助することで、自分でやれるようにする ・楽しい雰囲気の中での食事を大切にしていきながらも、おしゃべりばかりにならないよう、ことばを少なめ見守る ・反対になってしまっても自分で行ったことを大いに褒め、認めていく。向きを整えたりすることばかけを行うことを通して保育者と一緒に片づけを楽しみながら行えるようにしていく	〈生活〉 ・排泄……少しずつトレーニングパンツへ移行する子がいる。まだ、パンツの中で出てしまうこともあるが、出たことを知らせることができる子も多い。しかし、トイレへ行くと排泄できることも多くなっていく。排泄間隔を把握しながらトイレへ誘っていく ・気温が高くなってきたので厚着の子は1枚脱がせるなど、温度調節を行っていく ・食事……これといってはっきりした好き嫌いがある子が少なく、前は食べなかったけど今回は食べなといようなことがある。その日のその子の体調や気分で食べない子が見られるよう、その日のその子の様子を見ながら、量の調節を行っていく
あそび	・戸外遊び 固定遊具 ボール 砂場 ・屋上で遊ぶ すべり台 トンネル アンパンマンサークル マット	・自分の好きな遊びを見つけて遊ぶ ・保育者にブランコを押してもらったりと保育者とかかわりながら遊びを楽しむ ・保育者の仲介により、他の子と交代しながら遊ぶ ・遊びを見つけられずフラフラ走り回ったりする子もいる ・外で遊ぶことを喜ぶ	・遊びを通して保育者と一緒に片づけを楽しみながら行えるようにしていく ・子どものことばに耳を傾け、かかわりを大切にして、その遊びを楽しめるよう気を配る ・数をかぞえたり、歌をうたったりすることでスムーズに交代で使用できるようことばかけを行う ・遊びに誘ってみたり、もちかけてみたりすることで少しずつやりたい遊びを見つけられるようにしていく	〈遊び〉 ・時計づくり……時計に興味を示し、時計を作ることを喜びながら楽しい雰囲気の中で作ることができた。制作に対しても楽しんでとても意欲的な子が多いので、楽しくできるよう、時計について知らせることをはたらきかけを行っていく ・屋上で遊ぶ……自分でやりたい遊びを見つけ、遊べていた。危険のないよう見守る
課題	・時計づくり 画用紙 シール ・絵の具 ・誕生会に参加する	・時計に興味をもち、制作を楽しむ ・絵の具の感触を楽しむ ・できたことを喜ぶ ・誕生会に参加し、お楽しみを見る ・歌をうたうことを楽しむ	・時計についての話や、時計に興味をもてるようにし、楽しく取り組めるようにしていく ・一緒にやってみることで、絵の具の色や感触を楽しみながらできるよう声をかけていく ・誕生会を楽しんだり、誕生日を喜んだりすることができるように、絵の具のシール助する ・誕生会を楽しみ、誕生日を喜ぶ、雰囲気づくりを心がける	

行事	26日（月）	27日（火）	28日（水）	29日（木）	30日（金）	31日（土）
	時計づくり（絵の具で絵を描く）	戸外遊び	時計づくり（時計盤にシールを貼る）戸外遊び	（体操をする）屋上で遊ぶ	誕生会に参加する	室内遊び

活動の記録

28日（水）避難訓練
30日（金）5月生まれの子の誕生会
31日（土）青・赤組保育参観およびおやつの試食会

表5　日案例（3歳児）

D保育園

時間	プログラム	子どもの活動	保育者の援助・配慮
～8：00～	登　園	・登園する	・登園してきた子どもの様子を受けとめ，保護者との連絡を密にし，楽しい一日が始まる雰囲気をつくる
		・あいさつ，視診を受ける	・一人ひとりにことばがけをして，健康状態をみる
		・持ち物の始末をする	・持ち物を決められた場所に自分で始末できるよう見守り，必要に応じ助言する
	遊　び	・自由遊びをする	・危険のないよう環境設定に配慮する
			・遊べないでいる子には，興味がもてるようことばがけをし，遊びに誘う
		・片づけをする ・集合（体操をする）	・ゆとりをもって片づけができるよう，時間を十分とる
			・リズム遊びをしながら，楽しく集合できるよう援助する
			・大きな友だちや保育者の体操を見て，喜んで身体が動くようにする
		・排泄，手洗いをする ・（集会に参加する）	・便器の使い方や場所に慣れるよう援助し，ゆったりした気持ちで排泄できるようにする
			・生活に必要なきまりが理解できるようことばがけに配慮し，生活習慣が身につくようにする
		・計画による活動をしたり，固定遊具やコーナー遊びをする	・その日のねらいを踏まえて子どもの活動を取り入れ，参加できない子には保育者がやって見せたり，友だちの様子を見せ，やってみたいと思う気持ちをもてるようにする。
		・片づけをする	・遊具，用具をみんなで仲良く使えるよう助言し，安全な使い方を一人ひとりに援助する
11：15	給　食	・排泄，手洗いをする	・手洗いの順序を知らせながら，きれいに洗ったり，拭けるよう援助する
		・消毒をする。準備を待つ ・あいさつ，食事をする ・片づけをする	・配膳が静かに待てるような工夫をする ・友だちと一緒に食事する楽しさが味わえる雰囲気をつくる
12：15	午　睡		・こぼしたものを拾ったり，口のまわりをきれいに拭くよう促す
		・排泄，手洗いをする	・午睡前に必ず排泄するよう促す
		・午睡をする	・睡眠中の様子を見守り，眠れない子には側につき，安心して眠れる雰囲気をつくる
			・機嫌よく目覚められるようなことばがけをする
2：45	おやつ	・目覚め ・排泄，手洗いをする	
4：00	降　園	・消毒をする。準備を待つ ・あいさつ，おやつを食べる ・片づけをする ・降園の準備をする	・うがいや，口のまわりを洗い，口の内外をきれいにするよう促す
			・持ち物を忘れたり，間違えないよう個別に配慮し，助言する
		・身じたくを整える	・視診をしながら，身だしなみを整えられるよう援助する
		・お帰りの歌，あいさつ ・降園する	・明日も元気に登園できるよう，期待をもてる暖かいことばがけをする
			・保護者を確認し，必要な連絡を行う
4：30～	延長保育	・迎えがあるまで遊びながら待つ	・迎えの遅い子どもへは，寂しい思いをさせぬよう，家庭的な雰囲気で遊べるよう配慮する

第 4 章
教材とその展開

楽譜掲載曲

Ⅰ. 歌あそび

1. 季節の歌
   - ♪1　さんぽでジャンケン…62
   - ♪2　めだかの学校…64
   - ♪3　いどの中のかえる…65
   - ♪4　こぶたぬきつねこ…66
   - ♪5　松ぼっくり…68
   - ♪6　ふたあつ…70
   - ♪7　月火水木金土日のうた…71
   - ♪8　ゆかいな牧場…72
   - ♪9　大きなかぶ…74

2. わらべうた
   - ♪1　ことしのぼたん…78
   - ♪2　あんたがたどこさ…80
   - ♪3　おおやまこやま…81
   - ♪4　じゃがいもめだした…82
   - ♪5　らかんさん…83
   - ♪6　あぶくたった…84
   - ♪7　こどものけんかに…86

3. 手あそびうた
   - ♪1　金魚ちゃんとめだかちゃん…87
   - ♪2　一丁目のドラねこ…88
   - ♪3　これっくらいのおべんとうばこに…90
   - ♪4　さかながはねて…92
   - ♪5　まほうのつえ…93
   - ♪6　おたんじょうびゆびあそび…94
   - ♪7　おはなしゆびさん…96

Ⅱ. 楽器あそび
   - ♪1　おはながわらった…100
   - ♪2　こいのぼり…102
   - ♪3　たなばたさま…104
   - ♪4　とんでったバナナ…106
   - ♪5　たいこのおけいこ…108
   - ♪6　虫の声…110
   - ♪7　ジングルベル…112
   - ♪8　ゆげのあさ…114

Ⅲ. 行事の活動

1. 運動会の歌
   - ♪1　にんにんにんじゃ…116

2. 式典の歌
   - ♪1　きみのなまえ…118
   - ♪2　みんなともだち…120

さんぽでジャンケン

二本松はじめ　作詞・作曲

はるの（はるの）　かぜに（かぜに）　さそわれて

むねを（むねを）　はって（はって）　でかけよう

からだはホカホカ　こころはウキウキ　さんぽでジャンケン　ポン

Ⅰ. 歌あそび

　　　　　乳幼児期の子どもにとって「うたう」という表現活動は，内面の気持ちを外に向けて表現する最も身近で直接的な方法の一つである。ここでは，1.季節の歌，2.わらべうた，3.手あそびうたの順に，子どもとともに楽しむための活動例をいくつか紹介する。ここで紹介する事例を保育現場での子どもたちの実態に即した活動となるように再編成し，子どもたちにとって楽しい保育活動となるように展開してほしい。

1. 季 節 の 歌

♪1　さんぽでジャンケン〜誰でもみんな友だちになろう〜（3−5歳児）

　新しい環境，新しい友だちに出会い，なかなかなじめないK子。しかし，保育者には，少しずつ打ち解けてきたので，手をつないで園庭に出てみた。

〈活動例〉
・春の日ざしの暖かさにふれ，園庭で思いきりスキップをする。スキップのできない子はギャロップでもかまわない。
・保育者の範唱に続けて，子どもたちが続けて復唱（おいかけっこ）する。
・慣れてきたら，保育者と同じパートをうたうグループと，後から続けてうたうグループに分かれる。
・スキップしながらうたい，歌の終わりで出会った友だちとじゃんけんする（図①，図②）。
・じゃんけんは手だけでなく，発達に応じて，足でじゃんけんでもおもしろい。
・発達に応じて，負けた人は勝った人の後ろについて，肩に手をかけジェンカのようにダンスをしてもおもしろい（図③）。

めだかの学校

茶木 滋 作詞
中田喜直 作曲

♪2 めだかの学校～小さくたってみんなの仲間～（4-5歳児）

　保育室には水槽があり，めだかを飼っている。えさをあげる世話係をかってでたY男。水槽に顔を近づけて，めだかの様子をじっと見ている。

〈活動例〉
・めだかはどんなところに棲(す)んでいるか，ビデオや写真などをもとに，子どもたちと考える。
・めだかをじっくり観察してみる。小さな生き物に対する愛情をもつ。
・小さいめだかをびっくりさせないように，「そっと」やさしくやわらかくうたう。
・歌詞の内容をよく考え，絵に表現してみる。

いどの中のかえる

菅原　和久　作詞
三浦しのぶ・萬　恵美・小宮路　敏　作曲

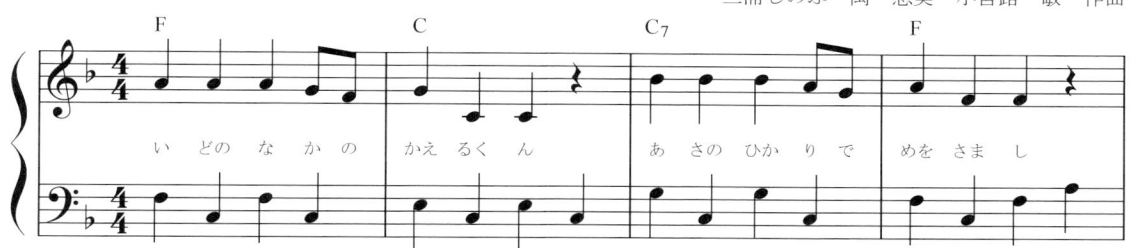

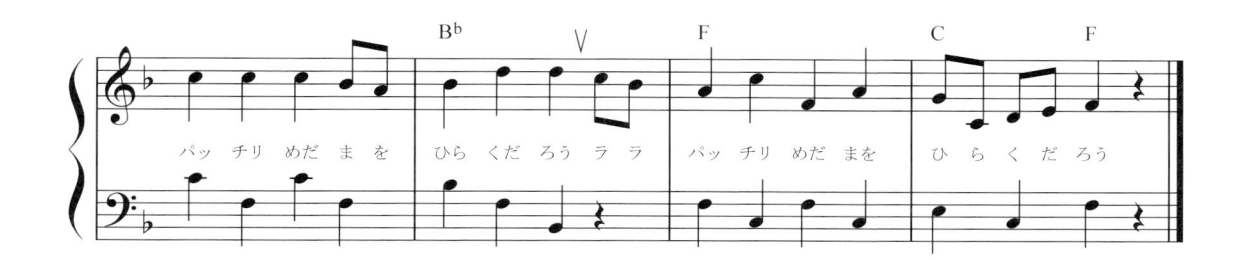

♪3　いどの中のかえる〜かえるの鳴き声ってどんな音？〜（5歳児）

　雨があがると，公園の池から何やら騒がしい鳴き声が聞こえてきた。よく耳を澄ましてみると，たくさんのかえるの鳴き声だった。

〈活動例〉
・かえるの鳴き声を考える。実際に音を聞いてみる。（録音でもよい）
・それぞれの感じる鳴き声を表現してみる。オノマトペによる，かえるの鳴き声アンサンブルをつくる。
・保育者の範唱のあと，子どもたちと一緒にうたう。
・井戸をビデオや写真で紹介する。（実際に見ることができれば，さらによい）
・「いどのなか」を「やまのなか」や「うちゅうのなか」などに変えて，それぞれのかえるの鳴き声を想像して表現してみる。
・かえるを折り紙でつくり，ぴょんぴょん飛ばして遊ぶ。
・「かえるのうた」で輪唱を楽しむ。

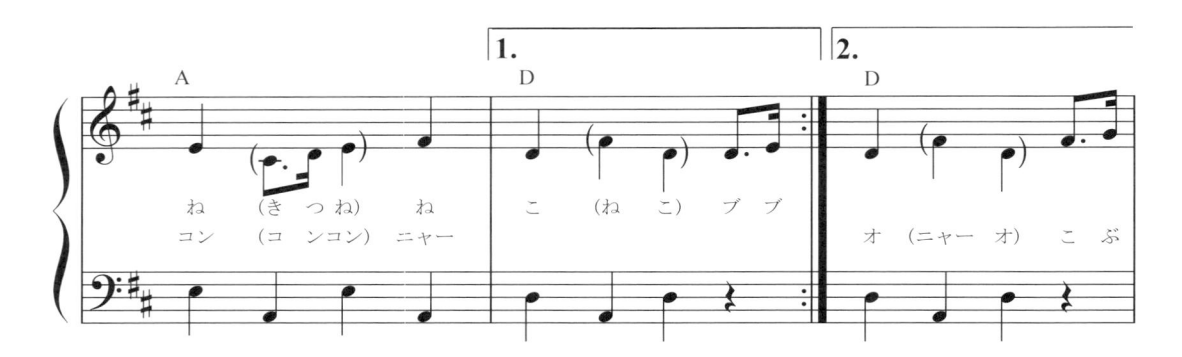

こぶたぬきつねこ

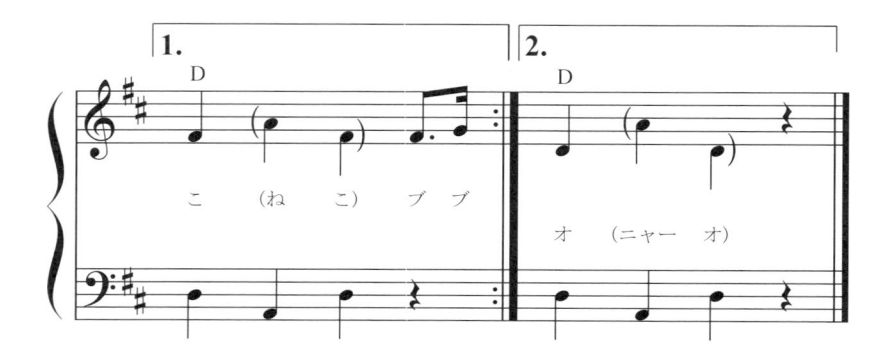

山本直純 作詞・作曲

♪4 こぶたぬきつねこ〜しりとりうたを楽しもう〜（3-5歳児）

　　E美とR子が，動物の鳴き声をお互いにクイズにしている。「いぬは？」「ワンワン」「じゃあ，ねこは？」「ニャンニャン」「じゃあ，恐竜！」「……」

〈活動例〉
・保育者と子どもたちで交互唱を楽しむ。
・擬音を楽しく表現する。お面を作って，それぞれの動物になりきってうたう。
・子どもたちの歌声を録音して，みんなで聞いてみるのもおもしろい。
・発達に応じて，自分たちでしりとりをつくって，替え歌にしてみてもおもしろい。（たとえば，「ことり」「りす」「すずめ」「めだか」など）

〈遊び方〉
　①**こぶた**　　鼻をおさえて，ぶたの鼻に。
　②**たぬき**　　腹つづみを打つ。
　③**きつね**　　手で耳をつくり，口をとがらせる。
　④**ねこ**　　　手でひげをつくる。

松ぼっくり

広田　孝夫　作詞
小林つや江　作曲

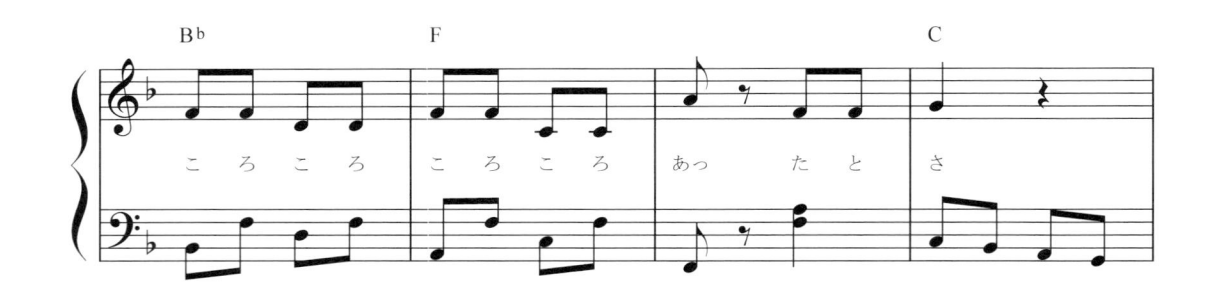

まつぼっ　くりが　あったとさ
たかい　おやまに　あったとさ
ころころ　ころころ　あったとさ
おさるが　ひろって　たべたとさ

♪5 **松ぼっくり〜身体を動かしながら，歌ってみよう〜（3歳児）**

　秋になると，園庭にはさまざまな木の実が落ちている。どんぐりや松ぼっくりなど，子どもたちの興味をそそる木の実がいっぱい。みんなで拾って保育室に持ってきた。

〈活動例〉
・松ぼっくりを拾ってきて，観察しながら絵を描く。手に入らない場合は，写真などを参考にする。
・松ぼっくりを，保育室で転がして遊んでみてもよい。
・保育者の範唱のあと，みんなでうたう。
・簡単な振り付けを楽しむ。
　①まつぼっくりがあったとさ　たかいおやまにあったとさ　　横揺れ。
　②ころころ　　　かいぐりをする。身体も上から下へ小さくなりながら。
　③おさるがひろって　　おさるの格好（右手上，左手下）をする。
　④たべたとさ　　両手で松ぼっくりを口に運んでいるようにぱくぱくさせる。

①まつぼっくりが…　　②ころころ

③おさるがひろって 　　④たべたとさ

ふたあつ

まどみちお 作詞
山口 保治 作曲

1. ふたあつ ふたあつ なんでしょね ねてか おめてめがいちに いいちにちにあれよ ふたあつふたつさ ででん しょしょしょの おおみんみよもも ほほららねね ふたつつでで しょしょし
2. ふたあつ ふたあつ なんでしょ
3. まだまだ

♪6 ふたあつ～ふたつあるものなーに？～（3歳児）

　数に興味がでてきたT也。あちこちにあるものを数えている。保育者から「Tくんの身体に，ふたつずつあるものなーに？」と聞かれ，一生懸命考えている。

〈活動例〉
・自分の身体の中にふたつあるものを探す。目・耳・手・足など。
・保育者がやさしくうたって聞かせ，子どもたちも続けてうたう。
・簡単な振り付けを楽しむ。
　①ふたあつ　ふたあつ　なんでしょね　　ふたつあるものを考えるように，横揺れ。
　②おめめがいちに　　「いち・に」のところで，右手で「いち」を，左手で「に」を出す。
　③ふたつでしょ　最後の「ふたつでしょ」の部分は，両手で「に」を出す。

月火水木金土日のうた

谷川俊太郎　作詞
服部　公一　作曲

スウィング風に

[楽譜]

1. げつようび　わらってる　げらげらげらげら　わらってる
2. かようび　おこってる　かっかっかっかっかっかっかっかっ　おこってる
3. すいようび　およいでる　すいすいすいすい　およいでる
4. もくようび　もえている　もくもくもくもく　もえている
5. きんようび　ひかってる　きらきらきらきら　ひかってる
6. どようび　ほっている　どんどんどんどん　ほっている
7. にちようび　あそんじゃう　にこにこにこにこ　あそんじゃう

おつきさまは　きがへんだ　おつきさまは　きがへんだ
ひばちのすみは　おこりんぼ　ひばちのすみは　おこりんぼ
みずだましは　おすましだ　みずだましは　おすましだ
かじだんこ　やまのおやつ　かじだんこ　やまのおやつ
おおばこ　みつからない　おおばこ　みつからない
どこまでほっても　パパといっしょ　どこまでほっても　パパといっしょ
おひさまといっしょ　　　　　　　　　おひさまといっしょ

♪7　月火水木金土日のうた〜ことばあそびを楽しもう〜（5歳児）

　月曜日から日曜日まで，曜日が言えるようになったU治。みんなに自慢したくてしかたがない。「先生！　聞いて，聞いて！　ぼく，月曜日からちゃんと全部言えるよ！」

〈活動例〉
・歌詞がとても楽しいので，パネルシアターや紙芝居にして演じてみる。
・パネルシアターや紙芝居に合わせながら，うたう。
・曜日ごとにグループをつくり，それぞれの振り付けを考えて，自由な表現を楽しむ。
・ミニオペレッタにして，保育室で演じてみるのも楽しい。

ゆかいな牧場

小林幹治　作詞
アメリカ民謡

1. いちろうさんの まきばで イーアイ イーアイ オー おや
   ないてるのは ひよこ イーアイ イーアイ オー あら
   チッ チッ チッ ほら チッ チッ チッ あっちも こっちも どこでも チッ チッ
   いちろうさんの まきばで イーアイ イーアイ オー

2. じろうさんの まきばで イーアイ イーアイ オー おや
   ないてるのは あひる イーアイ イーアイ オー あら
   クワッ クワッ クワッ ほら クワッ クワッ クワッ あっちも こっちも どこでも クワッ クワッ
   じろうさんの まきばで イーアイ イーアイ オー

♪8　ゆかいな牧場（3−5歳児）

　遠足で行った牧場で出会った動物たちを思い出し，子どもたちが鳴き声をまねしている。どんな動物たちがいたかな？

〈活動例〉
・牧場の風景やそこに出てくる動物をペープサートにして，曲に合わせて動かす。
・各動物のお面を作成する（図①）。
・3歳児は，自由な踊りを楽しみながらうたう。
・4歳児は，みんなで輪になって，手拍子をしながらうたう。順番を決めて，輪の中心に数人が入り，自由に動物を表現することを楽しむ（図②）。
・5歳児では，2重円をつくり，内側の子どもたちは，右回り方向へ向き，外側の子どもたちは左回り方向へ向く。
・内側と外側の子どものそれぞれの右手を組み，スキップしながら回ってうたう。4小節ごとにパートナーを変えていく。

大きなかぶ

名村　宏　作詞
越部信義　作曲

ナレーション）おじいさんが　かぶを　うえました。
「あまい　あまい　かぶになれ。おおきな　おおきなかぶになれ。」

おじいさんの　まいた
かぶのたねから　　おおきな　かぶが
できました　　かぶを　ひっぱる　おじいさん
それを　ひっぱる　おばあさん　それを　ひっぱる　まご
それを　ひっぱる　いぬ　それを　ひっぱる　ねこ

第4章　教材とその展開　　75

♪9 大きなかぶ～ごっこあそびからミニオペレッタ～（5歳児）

　おままごとごっこが大好きな子どもたち。今日のおままごとには，おじいちゃん，おばあちゃんも登場しているようだ。

〈活動例〉
・ごっこあそびを通して，保育室で簡単なミニオペレッタをつくる。
・登場する人物（大きなかぶ，おじいさん，おばあさん，まご，いぬ，ねこ，ねずみ）のお面を作成する。
・簡単なナレーションを入れながら，オペレッタあそびを楽しむ。

↑
紙などで作ったかぶ

2．わらべうた

わらべうたは，子どもたちが日常生活の中で遊びながら唱えていたことばや歌が，自然に子どもたちの間で受け継がれ，今日まで伝承されてきたものである。わらべうたは遠い昔の歌であると思われやすいが，決してそうではない。子どもたちの心を動かす遊びとして，また子どもたちの自発的表現の一つとして，それぞれの時代や生活環境，地域の特性などを反映しながら子どもたちの間で育まれてきた遊びである。したがって，わらべうたは同じ遊びであっても，地域によって旋律やリズムに相違がみられることもある。

わらべうたは，自然発生的な歌として，ごく自然に歌うように唱えられていることが多い。以下の例を見てみよう。

① 母親が子どもをあやすとき「おつむてんてん」「カイグリ　カイグリ……」

（おつむ　てん　てん）

（カイグリ　カイグリ　アーバーバー）

② 友だちを遊びに誘うとき「あそびましょ」

（たろうくん　あそびましょ）

③ つぶやくとき「いまないたからすが……」

（いまないた　からすが　もう　わろた）

このように，子どもの話しことばや遊びの表現が音楽的になってできた歌がわらべうたの始まりである。子どもは生まれたときから，このようなことばを耳にしながら成長しており，わらべうたは，日本の子どもたちにとって，たいへん身近で親しみやすく，自然なうたい方のできる歌であると言えよう。

ことしのぼたん

わらべうた

こ と し の ぼ た ん は よ い ぼ た ん おみみをからげて すっぽんぽん もひとつおまけに すっぽんぽん だれかさんの うしろに へびが いる

①ことしのぼたんは…

②おみみをからげて

③すっぽんぽん

♪1　ことしのぼたん

　　この歌は全国的に広くうたわれている。おにあそびで思いっきり汗をかいて遊んでみよう。

〈遊び方〉
・10人くらいで手をつないで輪をつくる。おにを一人決めておいて，おには輪の外にいる。
　①**ことしのぼたんはよいぼたん**　　うたいながらまわる。
　②**おみみをからげて**　　止まって，両手の人さし指を両耳のところでグルグルまわす。
　③**すっぽんぽん**　　3回手拍子をする。
　④**もひとつおまけにすっぽんぽん**　　②と③の動作を繰り返す。
・おにが「いれて」とみんなのところに寄ってくる。
・おにと子どもたちのやりとり（例）
　　　子ども：「だめ」
　　　お　に：「海へ連れていってあげるから」
　　　子ども：「海坊主がでるから　いや」
　　　お　に：「山へ連れていってあげるから」
　　　子ども：「山坊主がでるから　いや」
　　　子ども：「そんなにいじめるなら　いれてやらない」
　　　お　に：「みんなと仲よくするから　いれて」
　　　子ども：「それじゃ　いれてあげる」
・歌を繰り返してうたう。
・おにと子どもたちのやりとり（例）
　　　お　に：「もう帰る」
　　　子ども：「どうして？」
　　　お　に：「もう夕方だから」
　　　子ども：「ごはんのおかずはなーに」
　　　お　に：「へびとかえる」
　　　子ども：「気味が悪い」
　　　お　に：「さようなら……おには帰る」
　⑤**だれかさんのうしろにへびがいる**　　このようにはやしたてながら，おにの後についていく。
　⑥**いいえ，だれかさんのうしろにへびがいる**　　なおも，おにの後についていく。
　⑦「わたし？」とおにが言い，「そう」と子どもが言った瞬間から，おいかけっこになる。おににつかまった子どもが，今度はおにになって遊びを最初から繰り返す。

あんたがたどこさ

わらべうた

[楽譜：あんたがたどこさ ひごさ ひごどこ / さ くまもとさ くまもとどこさ / せんばさ せんばやまには たぬきがおってさ / それをりょうしがてっぽうでうってさ / にてさ やいてさ たべてさ / それをこのはで ちょっとかぶせ]

♪2 あんたがたどこさ

　全国的によく知られた，まりつきうたである。民話風の内容のおもしろさ，語尾の「さ」の繰り返しによる心地よい響きがみんなの心をとらえたからであろう。

〈遊び方〉

・一人ずつ順番にうたいながらまりをついていく。最後の「かぶせ」の「せ」をついてすぐに，まりを胸にだきとったり，上着やスカートで受け止める。

・二人で遊ぶ。それぞれ「さ」のところから区切りとして，相手にまりを渡す。「さ」のところで，大きく一つはずましてから渡す。

・10人ぐらいのグループで遊ぶ。輪になって，「さ」までの一区切りをついては，次の子へと順にまわしていく。

〈遊びの発展〉

・二人で向かい合って手合わせをして遊ぶ。「さ」の部分だけ手合わせをし，後は手拍子をしてうたう。

・語尾の「さ」を抜いてうたう。

・片足でケンケンをして，「さ」の部分で両足をパーにして遊ぶ。

・両足とびで前進し，「さ」のところだけ，横にとぶ。

おおやまこやま

わらべうた

おお やま こ やま な が さか こえて
せ き ぽん と は ね た こ ちょこちょ こ ちょこちょ

♪3 おおやまこやま

　子どもの顔をなでて，繰り返して遊ぶわらべうたである。何回も遊んでいるうちに「こちょこちょ，こちょこちょ」とくすぐられることを子どもは期待している様子がみられる。顔は乳児にとって中心的な遊びの対象である。空いている手で子どもの手を握ってあげると子どもは安定する。

〈遊び方〉
・二人で向き合って遊ぶ。
　①おおやまこやま　　　ひたいをなでる。
　②ながさか　こえて　　鼻筋をなでる。
　③せきぽんと　はねて　口をつつく。
　④こちょこちょこちょこちょ　あごの下をくすぐる。

①おおやまこやま

②ながさか　こえて　　③せきぽんと　はねて　　④こちょこちょ…

じゃがいもめだした

わらべうた

じゃがいも めだした はなさきゃ ひらいた あきのはな
つぼんだ はさみで ちょんぎるぞ エッサカ ホイ

♪4 じゃがいもめだした

　歌詞にうたわれている植物の形を指で表現することができる楽しい歌あそびである。遊ぶ前に，じゃがいもをよく観察してみることが大切である。じゃんけんのルールがまだ理解できない子どもは，「エッサカ　ホイ」の部分は，二人で向き合って両手を握り合って，喜びを分かち合うように遊んでみよう。

〈遊び方〉
・二人組をつくる。
　①じゃがいも　めだした　　両手をグーにして胸の前で交差してから，両手の親指をたてて，前につきだす。
　②はなさきゃ　ひらいた　　両手をグーにして胸の前で交差してから，両手をパーにして，前につきだす。
　③あきのはな　つぼんだ　　両手をグーにして胸の前で交差してから，両手をグーにして，前につきだす。
　④はさみで　ちょんぎるぞ　両手をグーにして胸の前で交差してから，両手をチョキにして，前につきだす。
　⑤エッサカ　ホイ　　両手で糸を巻くようにグルグルまわす（かいぐりをする）。ホイの部分でじゃんけんをする。勝った子どもがしっぺをする。しっぺとは，人さし指と中指をそろえて相手の手や腕を打つことである。

〈遊びの発展〉
　遊び方が覚えられたら，勝ちぬき合戦をしてみよう。じゃんけんで，王様，1番大臣，2番大臣……と決めて順に横に並ぶ。最後の子が下から順にじゃんけんをして勝ち進んでいくゲームである。

らかんさん

わらべうた

そろた　そろたよ　らかんさんが　そろった　らかんさんが
そろったら　まわそじゃ　ないか　よいやさの　よいやさ

♪5　らかんさん

　おおぜいの子どもが集まって輪をつくり，この歌をうたいながら，ひたい，ほお，あご，鼻などに両手のこぶしをのせて位置を変えていく遊びである。

〈遊び方〉
・人数は5～6人ぐらいの輪になって遊ぶ。
・子どもが一人入れるくらいのフープを輪の中に用意し，うたいながら，そのフープの中に入って出るという動作を順に繰り返す。「まわそじゃないか」の「か」のところで止まる。
・「か」で輪の中に入っている子どもが，「よいやさの」で，ひたい，ほお，あご，鼻など，どこか一か所に両手のこぶしを重ねる。
・「よいやさ」で右隣の人が，前の人とは違う位置にこぶしを置く。
・「よいやさの」で，また隣の人がその子と別の位置にこぶしを置くというように順々にまわしていく。
・同じ場所にこぶしを置いてしまった子は負けである。

〈遊びの発展〉
・テンポをだんだん速めていくと楽しい。
・二人でも遊べる。二人が同じことをしないようにすればよい。
・こぶしの位置を変えていくのではなく，さる，うさぎなどのものまねを入れていくのも楽しい。

あぶくたった

わらべうた

(母, 子ども)

1. あぶく たった にえたった にえたか どうだか たべてみ よう
2. あぶく たった にえたった にえたか どうだか たべてみ よう
3. あぶく たった にえたった にえたか どうだか たべてみ よう

むしゃむしゃ むしゃ まだにえ ない (母) とだなに しまいましょう (子ども) わっしょい わっしょい
むしゃむしゃ むしゃ まだにえ ない とだなに しまいましょう わっしょい わっしょい
むしゃむしゃ むしゃ もうにえ た

(母) おふろに はいりましょう (子ども) じゃぶじゃぶ じゃぶ じゃぶじゃぶ じゃぶ (母) おなかが すいた

あずきを たべましょう くさって いるね あずきを すてましょう もう ねましょう

(子ども) ぐう ぐう ぐう (あずき) とん とん とん (母,子ども) なんのお と (あずき) かぜのお と

(母,子ども) とんとん とん なんのお と (あずき) ゆきのお と (母,子ども) とんとん とん なんのお と

(あずき) おばけの おと (母,子ども) キャー (みんな) となりの おばさん とけいは なんじ よなかの

にじ ほんとの おなまえ なんという の やなぎの したの おおにゅう どう

♪6 あぶくたった

　昔ながらのわらべうたで，あずきと周囲とかけ合うところが面白い。やりとりのことばを変えたり，シンプルにしたり順番を入れ替えるなど，遊びのノリの様子で変化させたい。

〈遊び方〉

① あぶくたった　にえたった　　母・子ども・あずき役を決める。あずき役は，円心に目かくしをしてしゃがみ，母・子どもは連手して歩く。

② にえたか　どうだか　たべてみよ　　円心に向かって歩く。

③ むしゃ　むしゃ　むしゃ　まだ　にえない　　あずき役の子の頭をつかんで，食べるしぐさを行う。

④ あぶくたった　にえたった〜　むしゃ　むしゃ　むしゃ　もう　にえた　　①〜③，2回繰り返す。

⑤ とだなに　しまいましょう　わっしょい　わっしょい　　戸棚にみたてた場所へ，あずきをつれて行く。

⑥ おふろに　はいりましょう　じゃぶ　じゃぶ　じゃぶ　じゃぶ　じゃぶ　じゃぶ　　おふろに入って洗うしぐさを行う。

⑦ おなかが〜　たべましょう　　あずきをつれだし，食べるしぐさを行う。

⑧ くさって　いるね〜　すてましょう　　あずきを他の場所へ移動させる。

⑨ もう　ねましょう　ぐう　ぐう　ぐう　　寝るしぐさを行う。

⑩ とん　とん　とん　　みんなのところへきて，戸をたたくしぐさを行う。

　なんの　おと　　あずきに向かってうたう。

　かぜの　おと　　みんなに向かってうたう。

　とん　とん　とん　なんの　おと　ゆきの　おと　　上と同じように。

　とん　とん　とん　なんの　おと　おばけの　おと　　上と同じように。

　キャー

⑪ となりの　おばさん〜　おおにゅうどう　　おにごっこをしているあいだ，みんなでうたう。あずき役は一人をつかまえ，つかまった子が次のあずき役になる。あずき役は母役に，母役は子ども役に交代する。

こどものけんかに

わらべうた

こ ど も の	け ん か に	お や が か り	く す り や

さ ん が	と め た け ど	な か な か	な か な か

と ま ら な い	ひ と さ ん	ひ と さ ん	き て お く れ

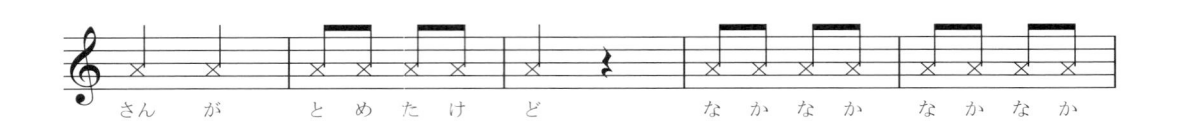

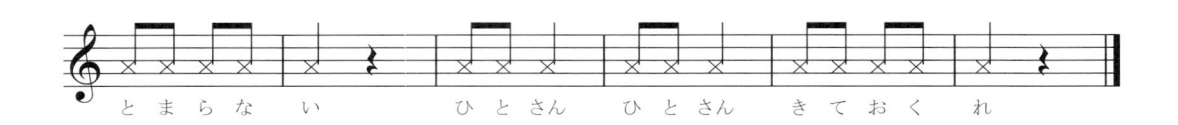

♪7 こどものけんかに

　子ども同士のけんかの仲裁法としてよくうたわれているわらべうたであり，指の名まえを使って歌あそびをするために工夫されたものである。

〈遊び方〉

① **こどものけんかに**　　子どもの小指を4回たたく。
② **おやがかり**　　親指を4回たたく。
③ **くすりやさんがとめたけど**　　薬指を8回たたく。
④ **なかなかなかなかとまらない**　　中指を8回たたく。
⑤ **ひとさんひとさんきておくれ**　　人さし指を8回たたく。

〈遊びの発展〉

・一人あそびで指の名まえを覚えたら，二人でも遊んでみよう。二人の両手をそれぞれ合わせて遊んでみるのも楽しい。
・おおぜいの子どもが二人ずつ向き合って，にぎやかに遊ぶことも楽しい。

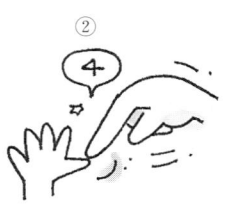

3．手あそびうた

子どもにとっていちばん身近にある簡単な遊び道具は指や手である。指や手を使って一人で遊ぶことも，二人で向かい合って遊ぶこともできる。さらに，小さな集団あそびから大人数での集団あそびにまで発展させることができる。

金魚ちゃんとめだかちゃん

作詞・作曲者　不詳

（楽譜：2/4拍子　歌詞「きんぎょちゃんと　めだかちゃんは　どうちがう　きんぎょちゃんは　プカプカおよぐけど　めだかちゃんは　チトチト　およぐんだよ　きんぎょちゃんと　めだかちゃんが　いっしょに　およげば　プカプカ　チトチト　プカプカ　チトチト」）

♪1　金魚ちゃんとめだかちゃん

　保育室にもいそうな身近な生き物であり，色も鮮やかで描きやすいので，振り付けで楽しさを表現する。また，手あそびとしても使え，金魚を人気テレビ番組のキャラクターに代えてもおもしろい。

〈遊び方〉
　①きんぎょちゃんと　　両手を広げてヒラヒラ。
　②めだかちゃんは　　手を前後に出してヒラヒラ。
　③どうちがう　　考えるふり。
　④きんぎょちゃんはプカプカおよぐけど　　手首をまわす。
　⑤めだかちゃんはチトチトおよぐんだよ　　両手を合わせてユラユラ進む。
　⑥きんぎょちゃんとめだかちゃんが　いっしょにおよげば
　⑦プカプカチトチト　プカプカチトチト　　向かい合ってつつきあう。

一丁目のドラねこ

阿部直美　作詞・作曲

いっちょめの ドラねこ　2ちょめの クロねこ

3ちょめの ミケねこ　4ちょめの トラねこ

5ちょめの ねずみは おいかけられて

あわてて にげこむ あなのなか ニャーオ

♪2 一丁目のドラねこ（3-5歳）

　一人でも，横並び，向かい合いの組み合わせでも楽しめる手あそびの定番。最後は「ニャーオ」でねこを表現する。ひげでもいいし，逃げた（？）ねずみになって「チュー」でもかまわない。

〈遊び方〉
　①いっちょめの　ドラねこ　　左手を開き，右手の人さし指で，親指の頭を軽く打つ。
　②2ちょめの　クロねこ　　①と同じ動作で，人さし指を打つ。
　③3ちょめの　ミケねこ　　①と同じ動作で，中指を打つ。
　④4ちょめの　トラねこ　　①の動作で，薬指を打つ。
　⑤5ちょめの　ねずみは　　①の動作で，小指を打つ。
　⑥おいかけられて　　左右の人さし指を曲げ，そろえて右へ動かす。
　⑦あわてて　にげこむ　　⑥と反対に，左へ動かす。
　⑧あなのなか　　右手人さし指を，左手の輪に入れる。
　⑨ニャーオ　　両手で，ねこの耳をつくる。

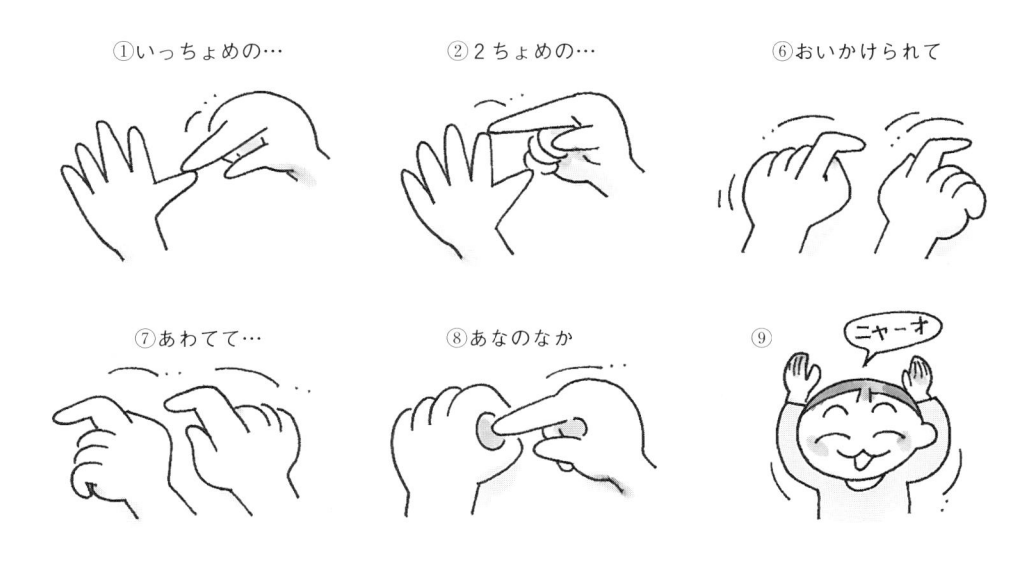

これっくらいのおべんとうばこに

阿部直美 作詞・作曲

デザートは　いちご　バナナ

さんじのおやつは　パンと　ぎゅうにゅう

おやしょくは　ミルク　ハンバーグに　スパゲッティー

♪3 これっくらいのおべんとうばこに

よく知られた，おべんとうばこの歌の後に遊ぶと盛り上がる。特に「スパゲティ〜」はオーバーに表現してみたい。途中いくつもの動きがあるが，その時の子どもたちの様子を見て飛ばしたり加えたりしてもかまわない。

〈遊び方〉
①デザートは　いちご　　拍手を3回し，次に1，5と出す。
②バナナ　　「バ」でいないいないバアをし，すばやく両手で7を2回出す。
③さんじのおやつは　パンと　　両指を3にして4回打ち合わせ，パンで大きく1回拍手。
④ぎゅうにゅう　　両手をぎゅっと握り，親指をにゅうっと出す。
⑤おやしょくは　ミルク　　拍手を3回し，指の輪から，見るしぐさをし，次に9を出す。
⑥ハン　　右手で物を半分に切って分ける。
⑦バーグに　　いないいないバアをし，次にグーを出す。
⑧スパ　　ななめにスパッと切るしぐさ。
⑨ゲティ　　自分の毛をひっぱり，「イテテテテェー」と言っているしぐさ。

さかながはねて

中川ひろたか　作詞・作曲

さかなが　はねて　ピョン

1. あたまに　くっついた　ぼうし
2. おめめに　くっついた　めがね
3. おでこに　くっついた　おねつ
4. おみみに　くっついた　イヤホン
5. おくちに　くっついた　マスク
6. のどに　くっついた　しっぷ
7. ほっぺに　くっついた　おたふく
8. あごに　くっついた　おひげ
9. かたに　くっついた　かたこり
10. うでに　くっついた　イノキ
11. むねに　くっついた　いっぱい
12. おしりに　くっついた　しっぽ
13. あんよに　くっついた　うおのめ

♪4　さかながはねて

　想像力を育む遊び。跳ねた魚がさまざまに変化して，最後はひざに落ち着いたり，逆に「外に飛んで行った」ことにして活動的な動き（園庭に出よう）にもっていくこともできる。一緒に楽しむ中で，子どもたちとかけ合い，子ども自身の発想を生かした遊び歌にしたい。

〈遊び方〉

①さかながはねて　　両手で魚を作り，その手を前後に動かす。
②ぴょん！　魚がピョンと跳ねるように，その手を上に上げる。
③あたまにくっついた　ぼうし　ピョンと跳ねた手を頭にもっていき，帽子をつくる。

①さかながはねて　　②ぴょん！　　③あたまに…

まほうのつえ

まどみちお　作詞
渡辺　茂　作曲

1. まほうのつえですよ　5にんのこびとさん　せがちぢめちぢめちぢめ　ちちん　ぷい
2. まほうのつえですよ　5にんのこびとさん　せがのびろのびろのびろ　ちちん　ぷい

♪5　まほうのつえ

　マジックっぽく子どもの視線を釘づけにする手あそび。ちちんぷいぷいなどと呪文を唱える時は、真剣な表情ですると、子どもたちの視線が保育者の右手（魔法のつえ）に注がれる。そのつえを生かして、子どもたちを動物や小鳥に変身させて遊びを発展させることができる。

〈遊び方〉

1番：
① **まほうの**　　右手の人さし指をつえにみたてて円を描く。
② **つえですよ**　　つえを強調し、指を強くつき出す。
③ **5にんのこびとさん**　　右の人さし指で歌に合わせて、左手の5指をたしかめる。
④ **せがちぢめ**　　右手人さし指で左手に命令するように、上から下に振りおろす。左手は少しずつ握り始める。
⑤ **ちちん**　　1小節めと同様に、右手のつえで円を描く。
⑥ **ぷい**　　右手のつえを強くつき出す。左手はその瞬間、きつく握りしめる。

2番：
⑦ **せが　のびろ　のびろ**　　右手は、1番と逆に下から上へアクションをつけて、つえをふるようにする。左手はだんだん開く。
⑧ **ちちん　ぷい**　　「ちちん」は1番の⑤と同じ。「ぷい」で左手をぱっと開く。

①まほうの　　③5にんの…　　⑥ぷい

おたんじょうびゆびあそび

鈴木みゆき 作詞
石川 大明 作曲

1. いっぽんローソク つけたらはくしゅ みんなよんで ごちそうたべよう おめでとう おめでとう おたんじょうび おめでとう
2. むしゃむしゃたべたら なかよくあそぼ やくそくきゅきゅ てんまでとーどけ おめでとう おめでとう おたんじょうび おめでとう

① いっぽんローソク

② つけたらはくしゅ

③ みんな

④ よんで

⑤ ごちそうたべよう

⑥ むしゃむしゃ…

♪6　おたんじょうびゆびあそび

　誕生会で，全園児が集まった時に，簡単にできる手あそびとしてできた歌。一(1)ぽんからご(5)ちそうまで，指で表現しながらうたう。最後の○○ちゃんは，その日(月)誕生日の子どもたちの名前を呼んであげたい。

〈遊び方〉
①いっぽんローソク　　人さし指を出す。
②つけたらはくしゅ　　Vサイン。
③みんな　　3本指を出す。
④よんで　　手を口にあてて，呼ぶまね(4本指)。
⑤ごちそうたべよう　　手を広げる(5本指)。
⑥むしゃむしゃたべたら　　指で「6」をつくる。
⑦なかよくあそぼう　　指で「7」をつくる。
⑧やくそく　　指で「8」をつくる。
⑨きゅきゅ　　指で「9」をつくる。
⑩てんまでとどーけ　　天に向かって両手をあげる。
⑪おめでとうおめでとう〜　おたんじょうびおめでとう　　リズムに合わせて手拍子する。

おはなしゆびさん

香山美子 作詞
湯山 昭 作曲

歌詞:
1. このゆび パパ ふとっちょ パパ やあやあやあやあ ワハハハハハハ おーはーなーしー
2. このゆび ママ とっさおしゃれ ちょいときれいな ママ やあやあやあやあ
3. このゆび にいさん ちょいときれいな にいさん やあやあやあやあ
4. このゆび ねえさん ちょいときれいな ねえさん やあやあやあやあ
5. このゆび あかちゃん ちょいときれいな あかちゃん やあやあやあやあ

♪7 おはなしゆびさん

指あそびうたの定番。パパやママなど登場人物の個性を表現していく。指を動かすだけでなく、「○○ちゃん」と指名して、その表現ごっこで遊ぶのも一つ。「ふとっちょ」などのことばを代えてみたり、家族だけでなく、園の先生方についての歌もできる。

〈遊び方〉

① このゆびパパ 「このゆび」で右手の親指、「パパ」で左手の親指を立てて、前に出す。
② ふとっちょパパ 親指を立てたまま、手を左右に振る。
③ やあやあやあやあ 左右の親指をお互いにくっつけて、あいさつするように傾ける。
④ ワハハハハハハ 扇のように両手を左右に広げる。
⑤ おはなし 口の前に右手、左手の順に手を重ねる。

Ⅱ．楽器あそび

1．乳児の音（楽器）あそび

　　　　　　　　おすわりができるようになるころ，振ると音のでるものに，興味を示すようになる。カメラのフィルムケースの中に，米粒や小豆，ビーズなどを入れて，蓋をしっかり閉じれば，即席のガラガラのできあがり。また，粉ミルクの空き缶は，そのまま太鼓になる。保育者が，簡単なリズムを繰り返すことによって，乳児は喜び，手をたたいたり，まねをしようとする。伝い歩きができるようになるころ，保育者が積み木などを打ち合わせて音を出すと，乳児もまねしようと試みる。打ち合わせるというのは，実は難しい行動であるが，最初はできなくても，上手にできたときは，たくさんほめてあげたい。楽器を扱うときには，材質・形など乳児にとって安全であるかどうか，という点について，常に気をつけなければならない。

2．幼児の音（楽器）あそび

　　　　　　　　幼児期になると，楽器を見ると鳴らしてみたい，と好奇心が芽生えてくる。幼児の好奇心をそそるような保育室の環境づくりが必要である。最初は，楽器の形状や音を出すことだけに興味をもつが，次第に，リズムを刻んだり，音楽に合わせて，音を出すようになる。保育者は，幼児の興味・関心を引き出すような援助をすることが必要である。

3．楽器の分類

　　　　　　　　楽器には弦楽器・管楽器・打楽器などがあり，その中でも，幼児にとって扱いやすい楽器は，打楽器類である。打楽器は，有音程打楽器と無音程打楽器に分類することができる。
　　① 　無音程打楽器……カスタネット・タンブリン・鈴・トライアングル・大太鼓・小太鼓・マラカス・シンバルなど。
　　② 　有音程打楽器……木琴・鉄琴など。
　　また，楽器の素材によって金属・木・革などに分類することもできる。保育の現場では，子どもが興味・関心をもてるもの，子どもにとって扱いやすい楽器を保育者が選定して，環境を整えることが必要である。
　　楽器あそびというと，とかく合奏が主体となりがちであり，遊びの要素よりも，厳しい練習が必要となってしまうことが多い。以下の実践例は，子どもたち誰もが楽しんで，楽器を通して音楽・音に触れることができるようになっている。

4．指導の実践例

◎タンブリンでまねっこ大作戦！

〈活動例〉

・楽器を扱う前に，生活に密接にかかわるものを取り上げてみる。扉をノックしてみる。どんな音がするだろうか。
・保育室，園内などのさまざまな場所・物をたたいてみる。
・どのようにたたいたら，良い音・心地よい音が出るか，子どもたちに気づかせる。
・一人ずつ，タンブリンを持ってたたいてみる。どの部分をたたくと良い音がするだろうか，またどのようなたたき方をするとよいだろうか。手のひらがよいか，指がよいか，手の甲がよいか，楽器の角度はどうしたらよいか，など子どもたちと一緒に考える。
・たたくだけでなく，こすったり，はじいたり，いろいろな音の可能性を引き出す。
・協調性・集中力を養うゲームとして，タンブリンの音を鳴らさないように，輪になって回してみる。そっと静かに渡せるだろうか。
・保育者のまねっこ（模倣）や，子ども同士でまねっこしあうことでリズムあそびへ発展させる。

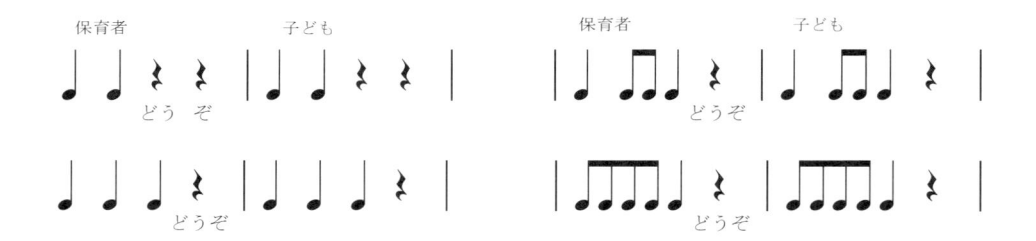

タンブリンの扱い：楽器の持ち方は自由でよい。子どもたちが色々な音を探す過程を大切にしたい。まねっこをするうちに，楽器の持ち方にも触れてみてはどうだろうか。まずは保育者自身が，正確な持ち方をし，子どもたちに，まねさせたい。枠に穴が開いているが，ここは左手で握る位置である。親指を皮の部分にあて，残りの4本指で，枠を握りこむ。穴には指を入れないように，注意を促したい。楽器をできるだけ水平に構えると，はっきりしたリズムになる。右手は，皮の中心をたたくと強い音，枠に近い部分をたたくと弱い音になる。こぶし打ち，指先打ちなど工夫したい。

◎Let's try！トライアングル

〈活動例〉
・布製の巾着袋を用意する。袋の中にはトライアングルを入れておく。子どもたちは，輪になって座り，一人ずつ，目を閉じて巾着袋に触れてみる。また，巾着袋の口から，手を入れ触れてみる。感触・重さ・温度などに気づかせるようなことばがけをして，子どもたちの反応を確かめる。
・今度は，袋から楽器を取り出し，一人ずつ自由に鳴らしてみる。強い音，弱い音，柔らかい音，澄んだ音など，楽器の大きさ，ばちの太さ，打つ位置によっても音色が変わってくることに気づかせる。
・この音色からイメージを膨らませ，子どもたち自身が感じる，心地よい音楽をつくってみる。（たとえば，「天の川」「星の夜」「冬の朝」など）

トライアングルの扱い：楽器の持ち方はまず自由でかまわない。音を探す過程で，どうやって持ったら良い音がでるようになるか，考えることができるように保育者が援助したい。この楽器は，左手の人さし指につり紐をかけて，中指と親指ではさみこむ。その際，楽器に指先が触れないように注意したい。ビーター（打ち棒）は，右手で親指と人さし指で持ち，あとの指は軽くそえる。三角形の中心部を打つと強い音となり，端の方を打つと弱い音になる。トレモロ奏は，角の内側の二辺をいったりきたりさせ，細かく連打させる。

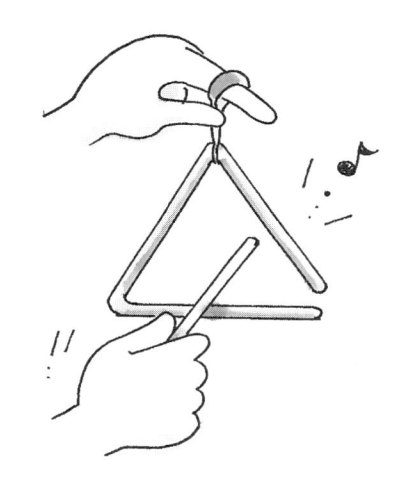

おはながわらった

保富庚午 作詞
湯山 昭 作曲

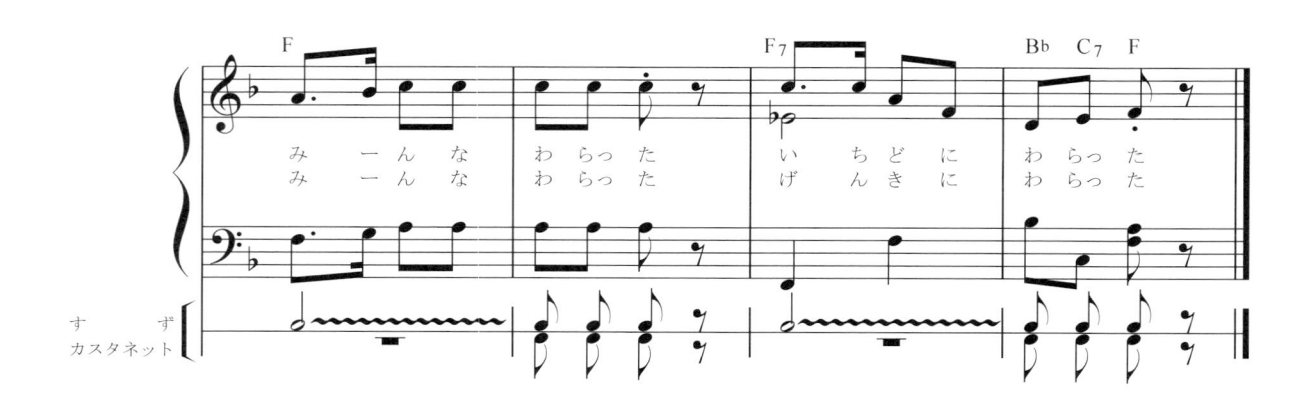

すず
カスタネット

1. おはな が わらった おはな が わらった
2. おはな が わらった おはな が わらった

おはな が わらった おはな が わらった
おはな が わらった おはな が わらった

みーんな わらった いちどに わらった
みーんな わらった げんきに わらった

♪1 おはながわらった〜カスタネットってどんな音？〜（3歳児）

　春のやわらかい日ざしのなか，M子は花壇の花の成長を楽しみに，毎日水やりしている。他の子どもたちも，そんなM子につられて，一緒に花壇の花が早く咲かないかな，と楽しみにしている。

〈活動例〉
・自分たちの好きな花の絵を描いてみる。
・「おはながわらった」をみんなでうたう。「おはながわらった」と同じ歌詞が何度も繰り返される。おはながわらっている，というのは，どのような状態なのか，そして，それぞれの「わらった」の表現を，どのようにしたらよいか，子どもたちと考え工夫する。（たとえば，風に吹かれている様子，日ざしを受けて伸び伸びしている様子など）
・「わらった」の部分を手拍子で打ってみる。大切なものを扱うように，やわらかく打つ。
・うたいながら，伴奏に合わせて「わらった」の部分をカスタネットで打つ。
・手話をつけて身体全体で音楽を表現してもよい。

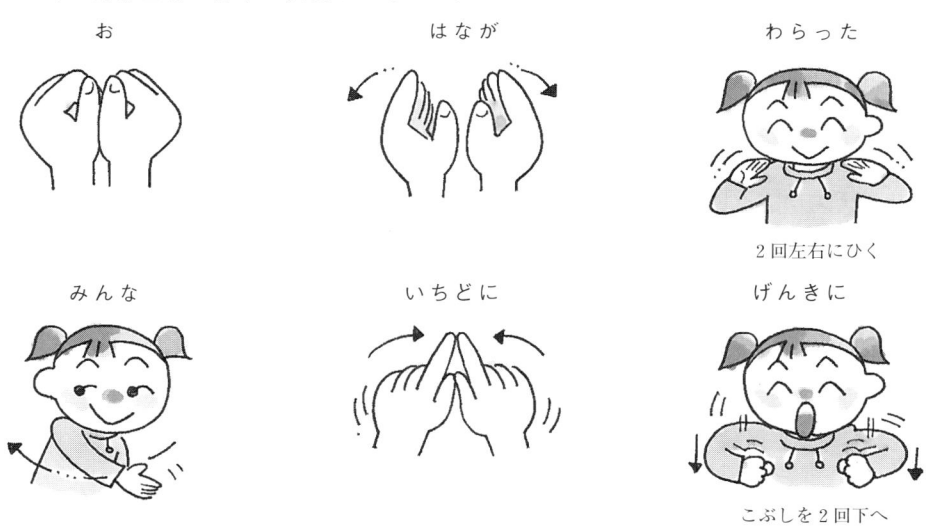

　　　　お　　　　　　　　　　はなが　　　　　　　　　わらった

　　　　　　　　　　　　　　　　　　　　　　　　　　　　　2回左右にひく

　　　みんな　　　　　　　　　いちどに　　　　　　　　げんきに

　　　　　　　　　　　　　　　　　　　　　　　　　　　　　こぶしを2回下へ

　カスタネットの扱い：左手の中指または，人さし指にゴムをかけ，手のひらにのせ，右手の人さし指・中指・薬指の3本の指で打つと強い音となり，人さし指のみ（または人さし指と中指）で軽く打つと弱い音になる。手のひら全体で打たないように気をつける。

こいのぼり

近藤宮子 作詞
作曲者 不祥

やねより たかい こいのぼーり
おおきい まごいは おとうさん
ちいさい ひごいは こどもたーち
おもしろ そうに およいでる

第4章　教材とその展開　　103

♪2　こいのぼり～手合わせを楽しもう～（3-5歳児）

　もうすぐ5月5日はこどもの日。園庭にも鯉のぼりが飾られた。子どもたちは，大きな鯉のぼりが大空に悠々となびく姿を見て，はしゃいでいる。

〈活動例〉
・鯉のぼりが悠々と風になびくように，ゆったりと3拍子のリズムを感じながらうたう。
・一人ずつ，自分の身体を使って，ひざ・手拍子・手拍子の，3拍子のリズムを感じる（3歳児，図①）。
・一人リズム打ちができたら，二人組をつくって，ひざ・手拍子・手合わせで3拍子のリズムを楽しむ（4歳児，図②）。
・二人組を十字にして，四人で手合わせをする。Aペアはひざ・手拍子・手合わせ，Bペアはひざ・ひざ・手拍子・手合わせとなり，以下，BペアもAペアと同様に，ひざ・手拍子・手合わせと合わせていく（5歳児，図③）。
・手拍子や足拍子は楽器あそびの起点であり，打楽器の合奏へと発展させることもできる。

たなばたさま

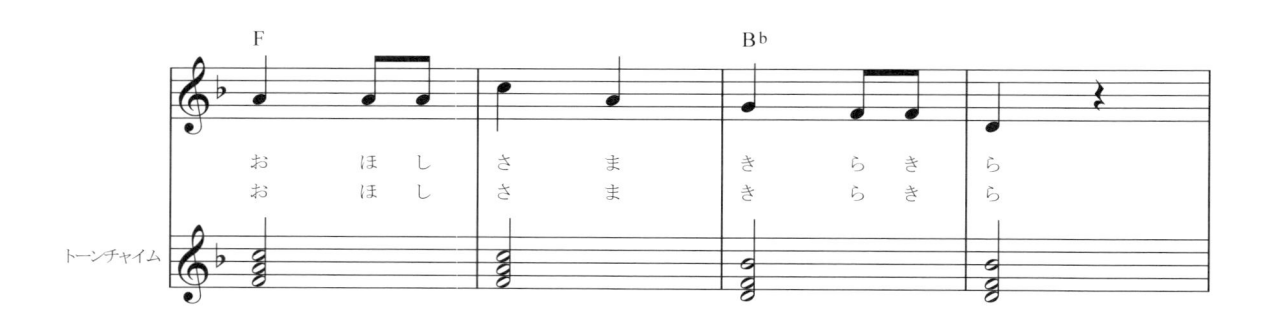

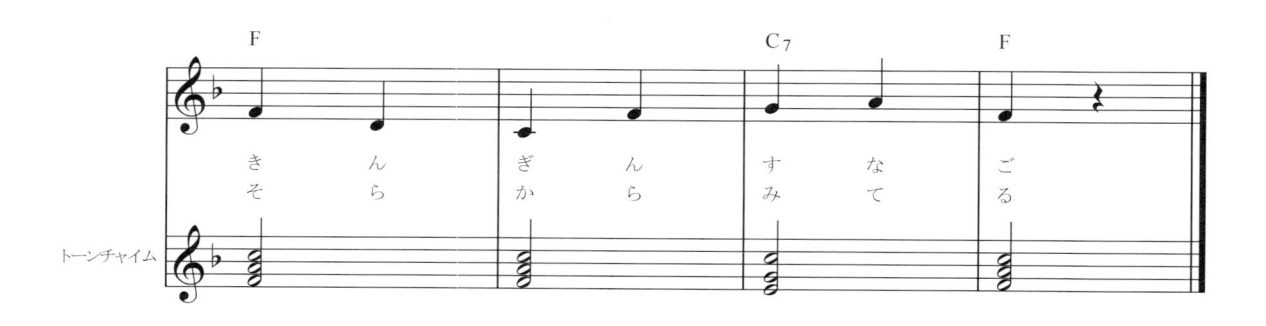

権藤はなよ 作詞
林　柳波 補詞
下総 皖一 作曲
文部省唱歌

1. さ さ の は さ ら さ ら / の き ば に ゆ れ る / お ほ し さ ま き ら き ら / き ん ぎ ん す な ご
2. ご し き の た ん ざ く / わ た し が か い た / お ほ し さ ま き ら き ら / そ ら か ら み て る

♪3 たなばたさま〜天の川みえるかな？〜（5歳児）

　もうすぐ7月7日，たなばたさま。園庭にも笹竹が飾られた。A子はピンクがいい，Y男はブルーがいい，と短冊の用紙を選んでいる。子どもたちはカラフルな短冊に願いごとをかいている。

〈活動例〉
・たなばたの由来について，織姫・彦星・天の川のお話をする。
・織姫・彦星が出会えることを願って，やさしくうたう。
・トーンチャイムを使って，自由なテンポで各自が音を出し，天の川の音楽をつくってみる。トライアングルやツリーチャイムなど金属楽器を使用してもよい。
・保育者が時計の代わりとなり，腕を秒針にして，1分間を提示しながら，子どもたちは一人3回まで，音を出してよいことにする，などのルールを決めると音が煩雑にならずきれいにまとまる。

・トーンチャイムでハーモニーをつけ，鉄琴でメロディーを演奏する。（トーンチャイムがなければ，ハンドベルなどでもよい）
・五色の短冊から，ことばあそびに発展させてみる。（たとえば，「赤いものを探そう！」　いちご，りんご，ポスト，しょうぼうしゃ　など）

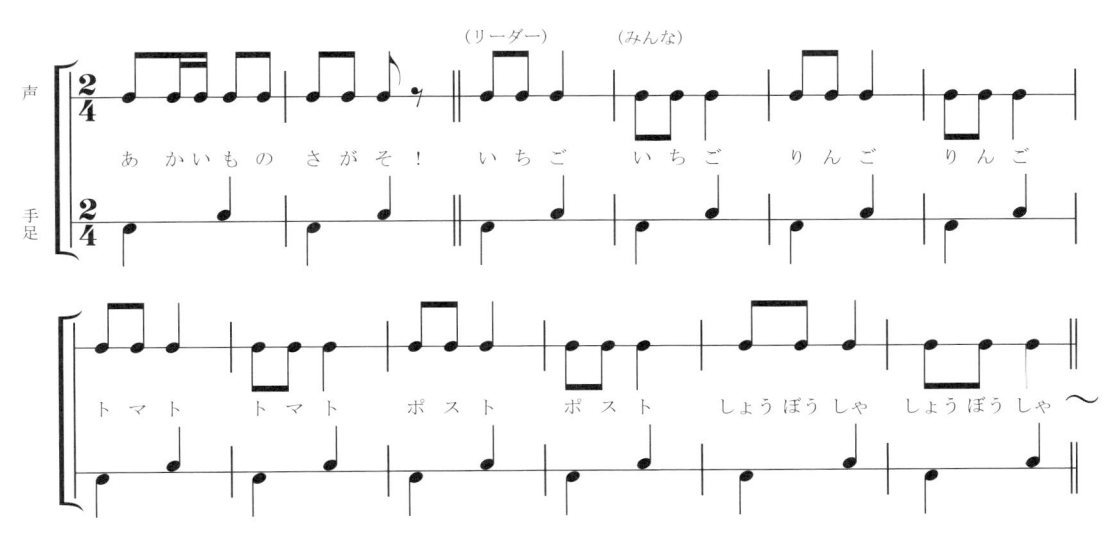

とんでったバナナ

片岡 輝 作詞
桜井 順 作曲

1. バナナが いっぽん ありました したから みなみのしまの そらの かなたへ とんでったバナナ
2. ことりが いちわ おりました きのうえ しろいバナナきりん ポコポコ ツルリン とんでったバナナ
3. きみは いったい だれなのさ あやとりこしポンポンツルリンしたです
4. ワニが いっぴき おりました バナナしぶしぶ ツルリンはや すなはまは チョウさん
5. ワニと バナナが おどりましょうかんで おくちをポカンと
6. おふねが いっそう

こどもが ふたりで おどりを おどって
とりが やっときて にじ とても
バナナは ツルンと バナナが ツルンと バナナが ツルンと バナナは ツルンと おくちをポカンと
とんでった バナ にげだした とんできた とんでった バナ あけてたら バナ
ナは どいこへ もらい なにどこへ ナが スポン

いっかりなた たふわりこっとかん やいってたこ

バナナンバナナン バナァナ

Coda

モグモグモグモグ た べちゃった た べちゃった た べちゃった

♪4 とんでったバナナ〜輪になってリズム打ちを楽しもう〜（4歳児）

　夏休みが待ち遠しいＵ太。休みになったら，家族で南の島に遊びに行くんだ，と張り切っている。「南の島に行ったら，きれいな海で泳いで，めずらしいお魚いっぱい見るんだぁ」と言うＵ太のことばに，子どもたちみんなもワクワク。

〈活動例〉
・とても楽しい歌である。ペープサートをつくったり，紙芝居，パネルシアターにしてうたうと，歌詞が把握しやすい。
・輪になって座り（図①），歌に合わせて，両手で自分のひざ打ち3拍，4拍目で右隣りの人のひざを打つ（図②）。もう一度自分のひざ打ち3拍のあと，今度は左隣りの人のひざを打つ。これを繰り返す。「バナナンバナナン」の部分は，2拍で右隣りの人の肩をトントン，次の2拍で左隣りの人の肩をトントンとたたく（図③）。最後の「バナナン」は，1拍目は自分の右肩を左手でたたき，2拍目は左肩を右手でたたき，（胸で手がクロスした状態）3拍目で両手を上に広げる（図④）。
・最初はテンポをゆっくり，だんだん速くしてもおもしろい。

たいこのおけいこ

筒井敬介　作詞
小森昭宏　作曲

たいこのおけいこ　おとといまでは
トン　トン　トン　トン　トン　トン　トン　トン　トン　ト　トン
たいこのおけいこ　きのうのあさは
トン　トン　トン　ト　トトン　トン　ト　トトトトトン　トン　トン
たいこのおけいこ　きのうのゆうがた
トン　トン　トン　ト　ト　ト　ト　トン　トントコトトトトトト　トン

♪5　たいこのおけいこ〜手作り太鼓でみんなおけいこ〜（5歳児）

　D輔は，おもちゃの太鼓が大好き。いつもおもちゃ箱から，太鼓を取り出して遊んでいる。そこに，他の男の子たちも集まってきたようだ。

〈活動例〉
・太鼓にもいろいろな種類があることを，子どもたちと一緒に考える。
・プラスチックのバケツに布製のガムテープをピンと対角線状に張った手作り太鼓を使って，歌の中にある「トントン」の部分を，みんなでたたいてみる。大きい空き缶やダンボール箱など，たたいて良い音のするものを身の回りから探して，使用するのもよい。
・保育室にたくさんの小太鼓があれば，小太鼓でアンサンブルしてみたい。

　小太鼓の扱い：ばちは，両手とも同じ持ち方をする場合と，左手を逆手に持つ方法があるが，幼児の導入には，両手とも同じ持ち方が左右均等の音を出しやすいと思われる。両手で打つ前に，右手だけで打つ練習もしてみたい。手首のスナップをきかせて，ばちを落とすようにたたくとよい。

虫 の 声

文部省唱歌

1. あれまつむしが ないている チンチロ チンチロ チンチロリン
   あれすずむしも なきだした リンリンリンリン リーンリン
   あきのよながを なきとおす ああおもしろい むしのこえ

2. キリキリキリキリ こおろぎや ガチャガチャガチャガチャ くつわむし
   あとからうまおい おいついて チョンチョンチョンチョン スイッチョン
   あきのよながを なきとおす ああおもしろい むしのこえ

♪6 虫の声〜虫の声ってどんな音？〜（4-5歳児）

　E子とI子が，園庭で耳を澄ましている。保育者が「どうしたの？」と聞くと，二人は「しーっ!!!」保育者も一緒に耳を澄ましてみると，かわいいこおろぎの声が聞こえてきた。

〈活動例〉
・自然の音にも耳を傾け，やさしい虫の声に気づく。
・虫がびっくりしないように，やさしくうたう。
・「虫の声」はハンドベル（ミュージックベル）を使用。2セットあれば，メロディ奏も可能（5歳児）。

　ハンドベルの扱い：中のバネの部分を引っ張らないように注意したい。右手で握り，親指をハンドルと平行になるように握る。手首のスナップをきかせてベルを振る。その時，手首を下に落とさないように気をつける。余韻を止めたいときには，ベルを胸にそっと寄せる。実際の演奏では，余韻を止める必要はほとんどない。

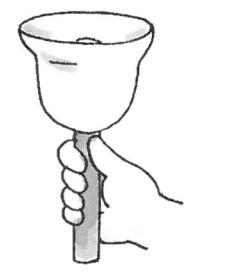

手首をおとさない

ジングルベル

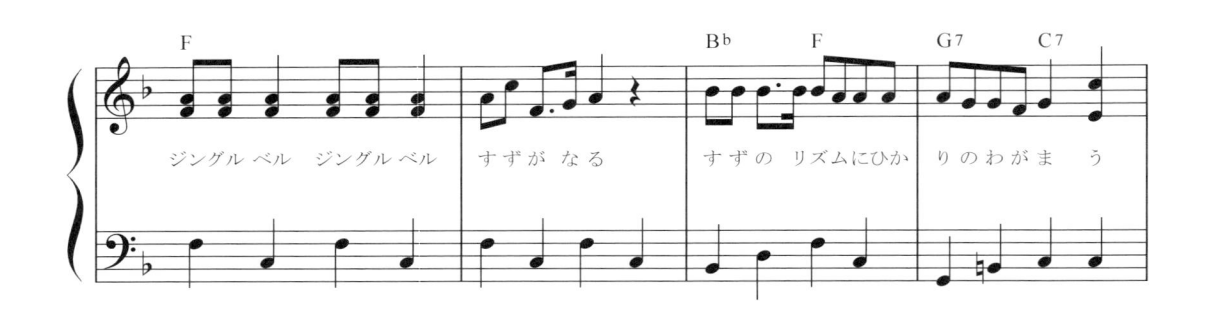

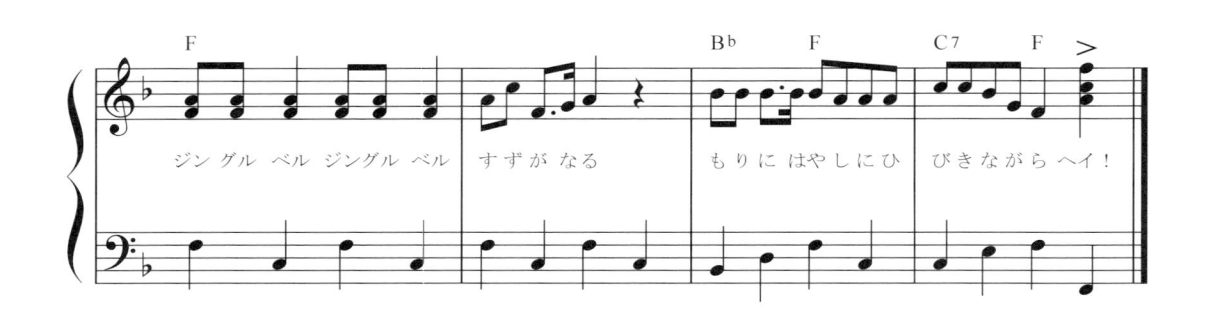

宮沢　章二　作詞
ピアポント　作曲

1. はしれそりよ　かぜのように　ゆきのなかを　かるくはやく わらいごえを ゆきにまけば あかるいひかりの はなになるよ
2. はしれそりよ　おかのうえは　ゆきもしろく　かぜもしろく うたうこえは とんでいくよ かがやきはじめたほしのそらへ

ジングル ベル ジングル ベル すずが なる すずの リズムに ひかりの わが まう

ジングル ベル ジングル ベル すずが なる もりに はやしに ひびきながら ヘイ！

♪7 ジングルベル～鈴をつけてダンス・ダンス！～（3歳児）

　みんなが一年中でいちばん楽しみにしているクリスマス！　玄関ホールに，クリスマスツリーも飾られた。3歳児のY恵は，ツリーの飾りのベルが大のお気に入り。

〈活動例〉
・協調性・集中力を養うために，鈴を使ったゲームをする。
・輪になってできるだけ近くに座る。
・鈴を後ろ手に持って，歌をうたいながら鈴を手渡していく。うたい終わったときに，誰が持っているだろうか。持っている人は上手に音を出さないように，持っていない人は，持っているフリをする。持ち主はだぁれ？
・ジングルベルの歌をうたう。「かるくはやく」の部分は音が高いが，歌詞のとおり軽くうたう。

①両手に鈴を持つ。足には手作りした鈴を巻く（図①）。
②はしれそりよ～　かるくはやく　　両手　右2回　左2回　マラカスを振るように繰り返す（図②）。
③わらいごえを～　はなになるよ　　右足からサイドステップ。手は腰に（図③）。
④ジングルベル～　すずがなる　　右手2回，左手2回もう一度，繰り返す（図④）。
⑤すずのリズムに　ひかりのわがまう　　右足，左足交互にかかとを前につけて出す（図⑤）。
⑥もりにはやしに　ひびきながら　　同様に，右足左足交互にヒールタッチ。
⑦最後は，「ヘイ！」と右手を上にあげる（図⑥）。

ゆげのあさ

まどみちお 作詞
宇賀神光利 作曲

1. おはよう おはよう ゆげがでる
2. こどもも おとなも ほらみんなおいで
3. おはよう おはよう みんなおいで

しゅっしゅっしゅっ しゅっしゅっしゅっ しゅっしゅっしゅっ しゅっしゅっしゅっ

はなから くちから ぽっぽっぽ ぽっぽっぽ

しゅっしゅっしゅっ しゅっしゅっしゅっ ぽっぽっぽっ ぽっぽっぽっ

きしゃぽっぽ
- みたいで みたいで ゆかいだ ゆかいだな
- しゅっぽっぽっで ゆかあそぼう よ

しゅっ しゅっ しゅっ しゅっ

♪8　ゆげのあさ〜ぽっぽっぽ！　汽車ぽっぽ?!〜（4歳児）

　寒い朝のひととき，園庭で子どもたちが息を「は〜っ」と出すと，白い息が出てくる。その様子が，子どもたちはとても不思議。「どうして自分の息が白くなるのだろう？」と思っている。

〈活動例〉
・寒い日に息をはくと，どうして息が白くなるのか，お話をする。
・「ゆげのあさ」をうたってみる。
・「しゅっしゅっぽっぽっ」の音を使って，オブリガートをつけてみる。オブリガートのパートを木琴で演奏してもよい。
・大太鼓，カスタネット，木琴等で合奏をしてみよう。
・大太鼓とカスタネットのパートは，それぞれ足ぶみと手拍子にしてもよい。
・ジェンカ風に，縦列をつくって，動いてみてもおもしろい。

にんにんにんじゃ

鈴木みゆき 作詞
池 毅 作曲

♩=120

1. にんにんにんじゃが そろたでござる ふくめん しゅりけん いろとりどりに じゅんびはオーケー へんげんじざい じゅもんは
2. せっせっせっしゃは にんじゃでござる かたなに しゅりけん じゅんびはオーケー いっしんふらん じゅもんは
3. にんにんにんじゃは つよいでござる にんぽう しゅりけん くせもので あえ ぜったいぜつめい じゅもんは

しんしゅつきぼつ じまんのうでまえ ごらんにいれよ じゅもんは
ひゃっぱつひゃくちゅう かくごはできたか しんけんしょうぶ じゅもんは
りんきおうへん じまんのうでまえ ごらんにいれよ じゅもんは

ひ とつー おへそも ひ とつー にんにんにん にん にん
ひ とつー てとあし ふ たつー しゅしゅしゅ しゅしゅ
ひ とつー にげるがか ち さー にんにんにん にん にん

にん にん にん にん にん　ん にん にんじゃが どろーん （間奏）
しゅしゅしゅ しゅしゅ　しゅしゅしゅしゅしゅりけん ビーム
にん にん にん にん にん　に にん にんじゃが ダッシュ

①にんにんにんじゃが…　②ふくめん…

Ⅲ. 行事の活動

1. 運動会の歌

♪1 にんにんにんじゃ

　子どもたちがかわいい忍者になれる時代劇ふうの曲。忍者の衣装を着れば雰囲気も大いに盛りあがり子どもたちも大喜び。

〈遊び方〉
・前奏では自由に忍者のポーズをしながら，16呼間で整列する。次の16呼間で，腰に手をあて首を左→下→右→下の順に振る。
　①にんにんにんじゃが　そろたでござる　　ゴリラのポーズで，前に4歩，後ろに4歩進む。
　②ふくめん　しゅりけん　いろとりどりに　　両手で顔をかくす。「しゅりけん」で顔の横で左右に1回ずつ拍手。「いろとりどりに」でひと回りする。
　③へんげんじざい　しんしゅつきぼつ　じまんのうでまえ　ごらんにいれよ　　ボックスステップを2回繰り返す。
　④じゅもんはひとつ　おへそもひとつ　　歌舞伎の"みえ"のポーズで4呼間前進した後，「おへそも〜」で自由に忍者のポーズをする。
　⑤にんにんにんにんにん〜　　手裏剣を投げるまねをしながら前へ4歩，後ろへ4歩進む。
　⑥にんにんにんじゃがどろーん　　2回ひざ打ちした後，絵のように忍者のポーズをする。
・1番と2番の間奏は前奏と同じ。2番と3番の間奏は隣の人と手をつなぎ，ウェーブ。せりふの「みなのもの……」で手を離し，「オー」で片方の手を上げる。
・最後は，自由に忍者ポーズで決める。

　　　③へんげんじざい…　　　　④じゅもんはひとつ…　　　　⑥…どろーん

きみのなまえ

かしわ哲　作詞・作曲

♩=140

1. いっちゃんいがつく　いまなんじ　ごろちゃんごがつく
   ごはんがたけた　せっちゃんせがつく　せいぎのみかた　ゆかちゃんゆがつく　ゆめのなか
   なまえなまえなまえ　きみのきみのなまえ　きいてみてびっくり　さあどうぞ

2. あっちゃんあがつく　あさがきた　のんちゃんのはらを
   かけずりまわる　さぶちゃんさがつく　さんじのおやつ　よっちゃんよだれが　とまらない
   なまえなまえなまえ　きみのきみのなまえ　きいてみてびっくり　ランララン　ララン

おおきなこえで　○○ちゃーん　ちいさなこえで　○○ちゃーん　りょうてをあげて　○○　ちゃーん

Coda

ランララン　ラランララン　ラ　ラン

D.S.

2．式典の歌

♪1 きみのなまえ（入園式）

　名まえを呼ばれるとうれしそうに振り返る子，思い切り手をあげる子。子どもの宝物である名まえを表情豊かに呼びかけることで，子どもとのコミュニケーションはより深まっていく。

〈遊び方〉
① いっちゃん…　　保育者またはリーダーが自分のからだの部位や子どもを指さし，子どもたちは保育者のまねをして追いかける。
② なまえ〜　きみのなまえ　　拍手を2回した後，片手ずつ（親指外に立てて）出す。「なまえ」のところで，順番に次の人の名まえを言う。
③ きいてみてびっくり　　ひざ打ち2回した後，びっくりポーズ。
④ さあ　どうぞ（ランラ　ランラ　ラン）　　リーダー交替。

①いっちゃん…

②なまえ〜　きみのなまえ

③きいてみてびっくり　　　④さあ　どうぞ

みんなともだち

中川ひろたか 作詞・作曲

みんな ともだちー ずーっとずっと ともだちー がっこう いってもー ずーっとともだち イェー みんな ともだちー ずーっとずっと ともだちー おとなに なってもー ずーっとともだちー

みんないっしょに ー うたをうたった みんないっしょに ー えをかいた みんないっしょに ー おさんぽをした
みんないっしょに ー プールであそーんだ みんないっしょに ー ロボットをつくった みんないっしょに ー かけっこをした

おおきくなった みんな ちー みんな ちー

♪2 みんなともだち（卒園式）

　以前，テレビの子ども番組のエンディングテーマで使われていた曲。修了間際の年長児にとって，別れは新たな出発の時でもある。希望に満ちた入学を迎えるためにも，誰でも友だちがいて一人ぼっちではないことと，園生活での楽しかった思い出を胸にきざんで欲しい。

〈遊び方〉
①みんなともだち　ずっとずっと　　手をつないで右に。
②ともだち　がっこう　　左へ8歩。
③いっても　ずっとともだ　　手をあげながら前へ8歩。
④ち　イエー　みんな　　手をおろしながら後ろへ8歩。
⑤ともだち〜　ずっと　　①と同じ。
⑥ともだち　おとなに　　②と同じ。
⑦なっても　ずっとともだ　　③と同じ。
⑧ち　　後ろへさがる。
⑨間奏
　「○○　○○ちゃん」　　名まえを呼ばれた子は前にでて，好きなポーズをする。
　みんないっしょに〜　大きくなった　　みんなは手をつないだまま歌をうたう。
⑩みんなともだち〜　ずっとともだち　　①から繰り返す。

3．式典・運動会の BGM リスト
（1）式典の BGM
1）入場を待つ間の BGM
①愛のあいさつ　　作曲：エルガー

②聖霊の踊り　　作曲：グルック

2）入場の BGM
①「四季」より"春"第１楽章　　作曲：ヴィヴァルディ

②「四季」より"冬"第２楽章　　作曲：ヴィヴァルディ

③「くるみ割り人形」より"小序曲"　　作曲：チャイコフスキー

④王宮の花火の音楽～喜び　　作曲：ヘンデル

3）卒業証書授与
①パッフェルベルのカノン　　作曲：パッフェルベル

4）退場の音楽
①天使の羽のマーチ　　作曲：松尾善雄

②ディズニーメドレー（ちいさな世界～ビビディ・バビディ・ブー～ミニーのヨー・ホー～狼なんかこわくない～ちいさな世界　など）
　作曲：R. M. シャーマン～M. デヴィッド／A. ホフマン～C. スターリング～F. チャーチル～R. M. シャーマン

（2）運動会の BGM
1）入場行進の BGM
①おもちゃの兵隊の行進　　作曲：イエッセル

②ラデツキー行進曲　　作曲：ヨハン・シュトラウスⅠ

③天国と地獄　序曲　　作曲：オッフェンバック

2）競技の BGM
①シンコペーテッド・クロック　　作曲：アンダーソン

②クシコスの郵便馬車　　作曲：ネッケ

③トランペット吹きの休日　　作曲：アンダーソン

④クラリネット・ポルカ　　作曲：ポーランド民謡

⑤ビヤ樽ポルカ　　作曲：ティム・ヴェイヴォダ

3）表彰の BGM
①見よ，勇者は帰りぬ　　作曲：ヘンデル

［編著者］

鈴木みゆき（すずき　みゆき）　和洋女子大学教授

藪中　征代（やぶなか　まさよ）　聖徳大学大学院准教授

［著　者］

碓井　幸子（うすい　さちこ）　清泉女学院短期大学講師

駒　久美子（こま　くみこ）　江戸川大学総合福祉専門学校講師

杉山智恵子（すぎやま　ちえこ）　埼玉大学・聖徳大学講師
ダルクローズリトミック国際サティフィケート取得

田上美奈子（たがみ　みなこ）　町田福祉専門学校講師

イラスト／星　たかし

楽譜作成／堰端　桂子

保育内容「表現」乳幼児の音楽

2004年5月25日　初版第1刷発行
2010年2月24日　第4刷

編著者 © 鈴木みゆき
　　　　藪中　征代

検印廃止　　発行者　大塚　栄一

発行所　株式会社　樹村房　JUSONBO

〒112-0002　東京都文京区小石川5丁目11番7号
電話東京　(03) 3868－7321(代)
Ｆ　Ａ　Ｘ　(03) 6801－5202
http://www.jusonbo.co.jp/
振替口座 00190－3－93169

印刷・製本／亜細亜印刷㈱

日本音楽著作権協会(出)許諾第0405938-004号
ISBN 978-4-88367-100-7
乱丁・落丁本はお取り替えいたします。